トヨタの思考法

誰でもストーリーでわかる！

知識ゼロから驚くほど合理的な
「自工程完結」が身につく

著　トヨタ自動車株式会社顧問・技監
佐々木眞一
＋中部品質管理協会

絵　ひのた

ダイヤモンド社

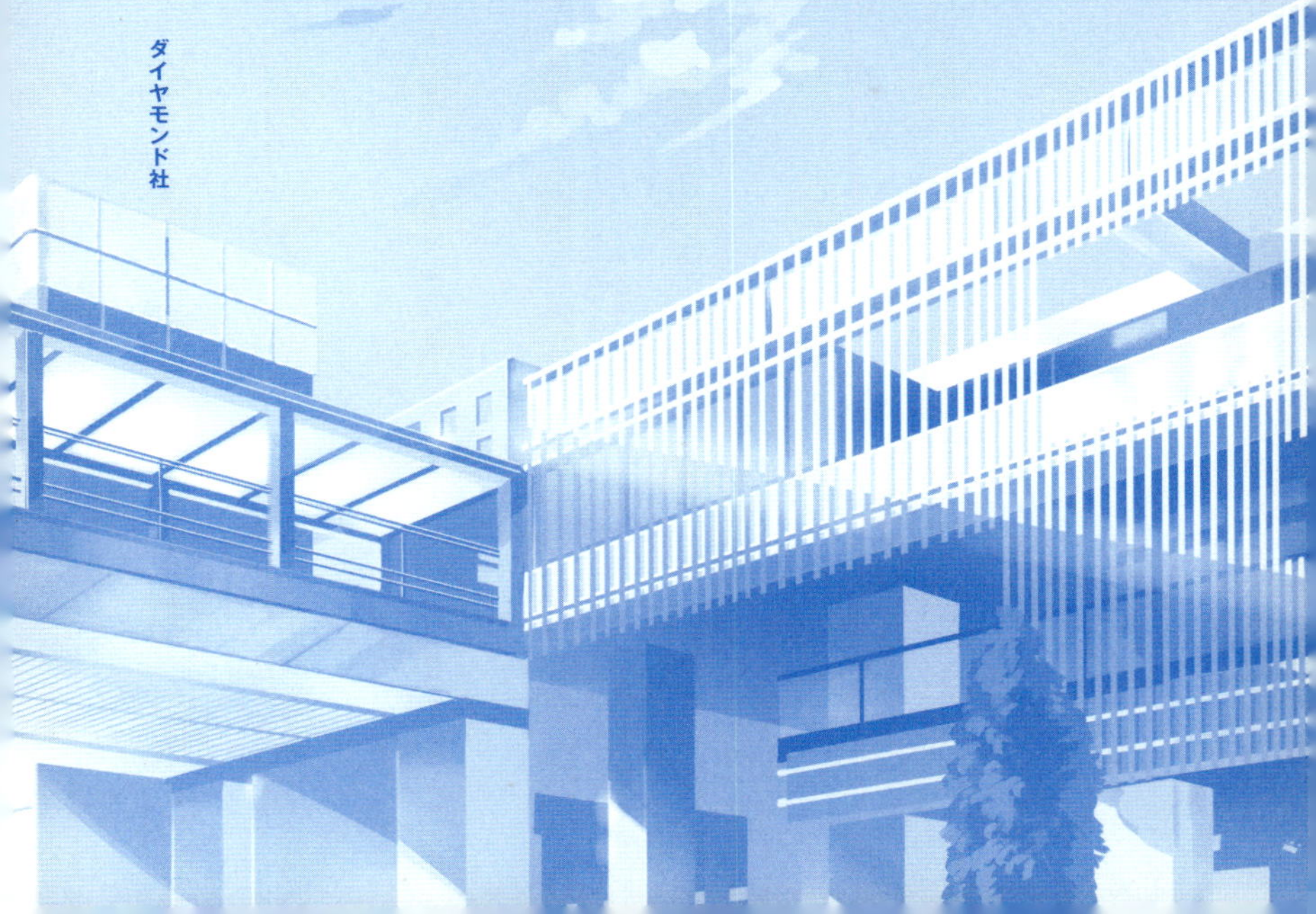

——2013年、本州中部に実在するごく普通の街、刈谷市。
物語の主人公・ジュンナは、歌うことが好きで
それしか打ち込むものがないようなタイプの女子高生だった。
ある日、いつもの通り乗ったバスの中での出会いがきっかけとなって、
怒涛《どとう》の日々の中に巻き込まれ、これまでに使ったことのなかった
思考回路を動かす能力を身につけて、事態に立ち向かっていく……

*この物語は、フィクションです。自工程完結（JKK）をはじめとする思考法は事実に基づいており、
有効なものですが、そのほか登場する実在する名称の地名、組織、個人名等が
この物語の中で繰り広げる出来事は、あくまで架空のものであることをお断りしておきます。

目次

1 波乱

動き出す

2013年秋。

夜の帳《とばり》が下りる頃、駅前広場で一人の女子高生による路上ライブが始まった。

「いよいよ、世論の後押しを受けた女子高生による路上ライブが行われます！」

民放キー局のリポーターによる中継が熱を帯び、上空には中継用のヘリやドローンが旋回。パトカーの回転灯もあたりを物々しく照らし、駅前周辺が騒然としている。

「こんなことをやって許されると思っているのか！」

鬼の形相でライブを阻止しようとする反対勢力。

「だまれ！」「引っ込めー！」

ライブを応援する観客。動画サイトや、SNSもヒートアップ。

「キタ――――」「待ってましたあああ」

「警察は何をやってるんだ！　ライブを中止させなさい！」

反対勢力は警察に食って掛かっている。現実と仮想の世界で観客と反対勢力がうごめき、怒号《どごう》が飛び交う。

そんな物々しい雰囲気の中、キーボードの横から延びるマイクをそっと握って口を寄せる、女子高生の路上ミュージシャン・細江純奈《ジュンナ》。

一人の女子高生の『本気』が周りを少しずつ動かし、時代の扉をこじ開けようとしている。彼女の脳裏《のうり》には、この半年ほどで起きた波乱万丈《はらんばんじょう》の出来事が走馬灯《そうまとう》のように駆け巡り、その眼差しには鬼気迫る眼光が宿る。

そして。肩が少し上がり、大きく息を吸った瞬間。騒々《そうぞう》しさが嘘《うそ》であったかのように、人々の視線は一点に集中し、静まりかえった。

2 出逢

出逢いは突然に

２０１３年春。

電線に連なるスズメのように、民家が軒《のき》を連ねる閑静《かんせい》な住宅街。

地元のスーパーやコンビニ、小ぎれいなケーキ屋などの商店が幹線道路沿いに点在する。カナダの姉妹都市の名を冠した市民の憩《いこ》いの場「ミササガパーク」もあり、四季折々の花と、その香りが楽しめる。これからは芝桜が見ごろだ。

住宅街を少し離れると、街を横断する二級河川《かせん》が流れる田園風景が広がる。川面《かわも》にはさざ波が立ち、こちらはカモやサギなどの野鳥の憩《いこ》いの場に。

土手は整備されていて、夕陽が川面《かわも》を照らすと琥珀《こはく》色の幻想的な情景になり、カタルシスさえ感じさせる。そんな街にジュンナは住んでいた。

「ジュンナ、早く起きなさいよ。学校に遅れるわよ」

母親の明子に起こされて、ジュンナの慌《あわ》ただしい生活が始まる。

「教材の申込書と、生徒手帳にハンカチ、忘れずに持っていってね」

母親からはいつも忘れ物がないように注意されていた。

ジュンナが食卓に着くと、父親の和之《かずゆき》も食事を摂《と》っていた。

「おはよう」

食卓に並んだパンに手を伸ばすやいなや、明子から切り出す。

「今年は受験なんだから、勉強もしっかりやってよ！」

「わかってるってぇ」

「この前の成績、お父さんのゴルフと一緒でブービー（ワースト2位）だったでしょ？

もうすぐ三者面談があるし、おかあさん心配だわ」

突然痛いところを突かれ、食べていたものを飲み込む和之。

「ビリギャルならぬ、ブービーギャルかぁ（笑）。狙って獲《と》れるもんじゃないよな？」

同意を求めて味方になろうとするが、

「何を呑気《のんき》なことを言ってるのよ（怒）――

頭ごなしに否定され、マトリョーシカを2体ほど取ったくらいに小さくなる和之。

「大丈夫だってぇ」

ジュンナは、朝食もそこそこにカバンを拾い上げて玄関先へ。靴を履こうと玄関に腰を下ろすと、マルチーズのココがしっぽを振って横にちょこんと座った。ココは親戚から譲り受けたメス犬である。白く、ぬいぐるみのように愛くるしい。

「くぅー、くぅー」

「ココ、行ってくるからね」

ジュンナはココの頭を撫《な》で、奥にいる両親に声をかけて学校へ出かけて行った。

◇◇◇

ジュンナは、刈谷《かりや》女子高校に通う3年生。刈谷女子高校は創立90年の歴史を誇り、文武両道の地元では有名な進学校。「刈女《かりじょ》」の名で親しまれている。

ジュンナが在籍する3年4組を語るには、欠かせない人物が二人いる。

一人は担任の山崎先生だ。42歳で英語を教えている。

小太り・中背《ちゅうぜい》で、生徒からは「ザキヤマ（先生）」と呼ばれている。

いつもよれた地味なシャツに、ズボンといういで立ち。熱血とは真逆《まぎゃく》を行くさえないオーラをまとった、オジサンを地で行く男である。クセが多彩で、クセのデパートぶりはおいおい知ることになる。

もう一人は、クラスのリーダー的存在の生徒・大倉理沙《リサ》。父親が県知事で、地元では有名な資産家のご令嬢だ。通学ではお嬢様の定番である高級車で送迎してもらっている。美しいペニテンテ（氷の剣山）のような美人のオーラをまとっていて気が強く、常に5人ほどの取り巻きを従えている。


3年4組の表札が掲げられた教室に、ダッシュで駆け込むジュンナ。

「おはよー」

ジュンナは気が合う咲花《サクラ》と愛茜《アカネ》と挨拶をかわして、席に滑り込んだ。教室の中央にはリサを中心とした集団が陣取り、話に花が咲いている。

「グラノーラって、ダイエットに効《き》くんだって？」

リサが話を振ると、

「ビタミンや食物繊維がいっぱいなんでしょ？」「それって美肌効果スゴくない？」

キンコーン、カンコーン
山崎先生が教室に入ってきた。リサ軍団がカニが巣穴に逃げるようにスーと席に散らばり、一限目の英語の授業が始まった。

「んーまぁー、今日は、スティーブ・ジョブズがスタンフォード大学の卒業式に招かれた時のスピーチの音読をやります。じゃあまずはリサ、ここの章を読んでくれ」

リサが、「はい」と答えながら立ち上がる。

「When I was 17, I read a quote……」

私は17歳のときに「毎日をそれが人生最後の一日だと思って生きれば、その通りになる」という言葉にどこかで出合ったのです。それは印象に残る言葉で、その日を境に33年間、私は毎朝、鏡に映る自分に問いかけるようにしているのです。「もし今日が最後の日だとしても、今からやろうとしていたことをするだろうか」と。「違う」という答えが何日も続くようなら、ちょっと生き方を見直せということです。

＊出典：日本経済新聞電子版

「はい、いいぞぉ」

ネイティブ顔負けの発音に、教室中から感嘆のため息が漏《も》れる。

「仮定法が2か所で使われているぞぉ。『アズ イフ イット ワズ』と…」

山崎先生の英語にはジャパニーズイングリッシュ臭《しゅう》が漂《ただよ》う。リサの後だと余計に滑稽《こっけい》に聞こえる。

「んーまぁー、先生が今日、人生最後の日なら、間違いなく英語の授業はしてないな」

彼がそう言い放つと、クラスの全生徒が心の中で突っ込んだ。

(間違いなく、ザキヤマの英語の授業は受けてないし)

そんな彼女らの気持ちに気づかぬまま、山崎は話を続ける。

「みんなは毎日、後悔がないように生きてるかぁ？

先生は〝ＫＤＪ〟、後悔だらけの人生だぁ。クックックッ」

シー――ン

「次は、ジュンナ」

「えっ、はい」

「Your time is limited, so……」

あなた方の時間は限られています。だから、本意でない人生を生きて時間を無駄にしないでください。ドグマにとらわれてはいけない。それは他人の考えに従って生きることと同じです。他人の考えに溺れるあまり、あなた方の内なる声がかき消されないように。そして何より大事なのは、自分の心と直感に従う勇気を持つことです。あなた方の心や直感は、自分が本当は何をしたいのかもう知っているはず。ほかのことは二の次で構わないのです。

＊出典：日本経済新聞電子版

リサに勝るとも劣らない、流ちょうな英語にクラスの空気が称賛に包まれた。ジュンナは意外と発音はうまい。勉強をやらないだけだ。

空気感を察知したリサは、彼女へのライバル心をむき出しにした。苦虫《にがむし》を噛《か》み潰《つぶ》したような表情を見せている。

「ドグマは聞きなれない単語だが、『独断的な考え』って意味だ。ジョブズが言うように、人の評価なんか気にするなぁ。たとえ今が苦しくても、広い世界や長い人生から見ればほんの狭い、一時的なことだ。そんなことに振り回されずに自分の将来と可能性を信じて、切り拓《ひら》いていって欲しいと思うんだ、先生は。うん」

自分でも予想以上の解説に、山崎は恍惚《こうこつ》の表情を浮かべている。英語の授業は、もはや道徳の授業と化していた。

「ちなみにだ。『あなた方の心と直感は自分が本当は何をしたいのかをもう知っている』。含蓄のある言葉だな。んーまぁー、北斗神拳で相手の秘孔《ひこう》を突いて、『おまえはすでに死んでいる』みたいに。クックックッ」

◇◇◇

三者面談の日。

「ジュンナ、起きなさい！」

二階から階段を駆け下りて、ジュンナが食卓に姿を見せた。

いつものように父・和之は食事を摂《と》っている。

「今日は三者面談よ！　あー、おかぁさん心配だわ」

「気にしない、気にしない」

そう答えたがジュンナ自身も、先生や親から成績のことでフルボッコにされるのではないかと不安にかられていた。

「あんたのことだからね。今年は受験なんだから…。お父さんからもなんか言ってよ！」

突然振られて、食べていたものを飲み込む和之。

「朝食の時に、そんなことを言われてチョーショック！　なぁーんちゃって（笑）」

「朝からダジャレなんか言ってないで、マジメに考えてよ！」

またしてもマトリョーシカを2体ほど取ったように、しょんぼりする和之。

食卓にはこれ見よがしに、予備校の入校パンフレットがドーンと置かれている。

「もう路上の演奏はそこそこにして、塾とか行って勉強しないとぉ！　いつ行くの？」

「『あと』でしょ！」

「お父さんみたいに、ふざけてないでぇ。今の成績じゃ、どこも受からないわよ！」

いよいよマトリョーシカの最終形態まで小さくなる和之。

「なんとかするから」

「なんとかできなくなってからじゃ、遅いのよ！」

「わかってるって。あ、そうそう。今度、グラノーラ食べたいから買ってきて」

「何それ？」

「最近はやりのシリアル食品。頭にも利くかもしれないし。グラノーラね！」

言いたいことだけ言い残し、ココの頭を撫でて学校へ出かけていった。

「もう、話ははぐらかすし、全然やる気スイッチが入らないんだから」

呆《あき》れる明子であった。

◇◇◇

「はい、細江さん、お入りください」

三者面談が始まった。明子とジュンナが3年4組の札が掛かる教室の扉をくぐる。面談のために並べられた席に、山崎先生が待ち構えていた。

「よろしくお願いします」

先生は、いつものラフな姿とは打って変わって、スーツとネクタイの正装。そのギャップが滑稽にも思えたが、それがジュンナを一層緊張させた。

「どうぞ、こちらにお座りください」

招かれるように二人が席に着くと、まずは社交辞令の挨拶。

「いつも、ジュンナがお世話になります」

「最近、ジュンナさんはどうですか？」

コン、コン、コン………

かすかな音が一定のリズムで机を這《は》う。山崎は机を小刻みに叩《たた》くのがクセだ。

「はい、いまだ路上での演奏に夢中で……」

ジュンナは学校が終わると、駅前で一人路上ライブを敢行《かんこう》している。震災の募金活動として始めたのがきっかけで、警察の認可も受け、学校側もボランティア活動の一環として黙認《もくにん》していた。高校一年の頃からなので１００回近い。コアな一般のファンを持つが、目立つ活動を良しとしないリサたちは面白く思っていなかった。

山崎の手元には進路希望や模試の結果などの書類が、取り調べの調書のように置かれている。彼は髪を掻《か》きむしりながら、唐突《とうとつ》に話を切り出した。

「んーまぁー、ジュンナさんの今の成績では正直、受験する大学の選択肢はありませんなぁ。そろそろ路上ライブは卒業して、受験に専念したほうがいいかと……」

「……」

ジュンナは終始うつむき加減。

コン、コン、コン、コン、コン………

一定のリズムが一層、沈黙を引き立てる。

「んーまぁー、ジュンナさんは前向きな性格で……、属に言うＹＤＫ⁉

『やればできる子』だと思いますので。クックックッ」

目を覆《おお》いたくなるほどのおやじギャグ。ジュンナは苦笑を押し殺しつつ、普段は呼び捨てなのに『さんづけ』で呼ばれることに、こそばゆさを感じずにはいられなかった。

◇　◇　◇

2013年　4月24日　7時30分。

運命の扉が、きしむ音を立てながらゆっくりと開く。

ジュンナは、家から300mほど離れた幹線道路に面したバス停「ミササガパーク前」からバスに乗って通学していた。バスは連日混み合い、側面から見ると反対側の風景が見えない時さえある。

バスに乗り込み、つり革をつかむジュンナ。

すると、正面の席に座っていた若い会社員風の男性が厚手の本を読んでいた。

（どんな本を読んでるんだろう……？）

ジュンナは、彼の本を覗《のぞ》き込もうとした。

まさにその瞬間《とき》。顔を上げた彼と、視線がぶつかった。

ジュンナは慌てて目を伏せた。しかし、目は泳いでいる。

その若者が降車ボタンを押して、席を立った。

ジュンナは伏し目がちになりながら、彼が通れるように体をずらす。彼は刈谷駅で降車した。おそらく駅から電車か会社専用バスに乗り換えて、会社に行くのだろう。

ジュンナは、まだぬくもりが残る彼の席へ座ろうとした。すると彼女は、窓際に彼の本が置き忘れられているのに気づく。しかし、本を手に取った時には彼はとっくにバスから降りていた。発車の合図のホーンが無情にも鳴り響く。

（あーぁ、行っちゃった。どうしよう……。）

本を抱きかかえながらジュンナは、窓越しに彼の姿を追うばかり。


同日　17時。

ジュンナは学校から帰ると、ココを入れたキャリーバッグを引いて駅前にある「喫茶かきつばた」に寄るのが日課だ。かきつばたは行きつけの喫茶店で、ご厚意で楽器を置かせてもらっている。

チャリン
扉を開けると、くすんだ音が薄暗い店内に広がる。焙煎《ばいせん》されたコーヒーの香りが漂ってくる。常連であろう老夫婦がテーブル席で仲睦《なかむつ》まじくおしゃべりをしている。駅周辺の騒々しさとは対照的に、ゆったりとした時間が流れる。ジュンナはここで、ライブに向けて充電するのだ。

「おばちゃん、こんにちはー。いつものやつね」

「あいよ」

店のマスターのことを、ジュンナは「おばちゃん」と呼んだ。おばちゃんはカットレモンの入ったレモネードを作り、カウンター席についたジュンナに手渡してくれた。

「今朝《けさ》ね、バスの中で本を忘れた会社員風の男性《ひと》がいたの」

「それで？」

「渡そうとしたけど、降りちゃって渡せなかった」

「で、その本は？」

「私が持ってる。明日会えると思うから、渡そうと思って」

「そのサラリーマンって、若いんでしょ？　それもイケメン」

「な、何でわかるの⁉」

「ジュンちゃんの顔に書いてあるもん（笑）」

30分ほど他愛もない会話を楽しんだあと、ジュンナは荷造りされたキーボードやアンプなどの楽器一式を持ってライブに出かける。

「頑張ってね」

「ありがとう」

「明日の話よ。イ・ケ・メ・ンの！」

「あははは。明日報告するね」

同日　18時。

ジュンナは店を出ると、ココを連れて駅前広場のライブ会場に向かう。

駅前はすでにうす暗かった。仕事帰りの会社員や学生などが忙しげに行き交う。彼女は楽器一式を所定の位置に置いて、ライブの準備をする。まだ足を止める人は誰もいないが、彼女はお構《かま》いなしにマイクに向かって宣言。

「細江ジュンナ、ライブ始めます！　まずは川嶋あいさんの『見えない翼』、聴いてください」

キーボードに向かった、彼女の肩が波を打つ。


ひとり、またひとり。彼女が奏《かな》でるメロディーと歌声に吸い寄せられるように人々が足を止め、ついには10人ほどの壁ができた。曲に合わせて手拍子やリズムを取る人。手を合わせ、祈るように見つめる女性。歌い終えると、線香《せんこう》花火ほどの拍手が鳴った。

ジュンナが遠くを見るようなポーズをしながら、

「今日もスタートから広場に入りきらないほどの人に集まってもらって、ありがとう」

くすくすと笑い声が起こる。

「今日で、ライブを始めて99回目です」

キーボードの横に置かれた手づくり感あふれるボードが、「99」の数字を示している。手筒《てづつ》花火くらいに、少し大きめな祝福の拍手。

「ここまでやってこられたのは、忙しい中でも足を止めて聴いてくださった皆さんのおかげです。明日、記念すべき100回目のライブを行います。ぜひ立ち寄ってください。あと話は変わりますが、ミササガパークのバラが見ごろです。とってもキレイなので、こちらもぜひ立ち寄って見てくださいね。では、続いて聴いてください……」

天使のような澄みわたる歌声は、通りがかりの人を魅了してやまない。

同日　21時。

「はぁー」

帰宅後、部屋のベッドに大の字に横たわるジュンナ。天井《てんじょう》を眺《なが》め、今日の出来事を振り返る。

「そうだ！」

彼女は突き動かされるようにベッドから起き上がり、カバンから「あれ」を出す。

あの彼が忘れた本の表紙には、ジュンナが知らない言葉が書かれていた。

「……『自工程完結《じこうていかんけつ》』？」

ぱらぱらとめくった本の中も、見慣れない言葉のオンパレード。

「こんな難しい本読んでるんだ……。明日、どうやって渡そう？

『この本、落ちてました』……いや、『この本、忘れませんでしたか？』

『わざわざありがとう。お礼にお茶でもしませんか？』

『そんな、拾っただけですから』

『ぜひ、お礼をさせてください』

『では、お言葉に甘えて……』……」

ジュンナの妄想が止まらない。


4月26日　7時15分。

ジュンナは、いつもより早めにバス停に到着した。

まだ誰も待っていない。胸の鼓動が高鳴り、口元が震えている……と思いきや、

「『この本忘れてませんか？　この本ですが』……」

リハーサルに余念がない。

バスの到着時間が近づくと、バス停に人が集まってくる。

今日もほぼ定刻通りにバスは到着。すし詰めというほどではないが、かなり混んでいる。

（あっ……今日も同じ席だ）

窓越しに彼を見た瞬間、ジュンナの緊張はＭＡＸに。扉が開くと、後ろから乗り込む人に「押されてます」感を出しながら、彼女は強引に彼の席の前に体を押し込んだ。

（あー、どうしよう。あとになれば余計に渡しにくくなるし……。ここで言わないと…）

バンジージャンプに挑む時のように、あと一歩が出ない。

その時だ。バスが大きく横ゆれして、ジュンナは思わず彼に覆いかぶさる。まさに『逆壁ドン』状態となり、最後のひと押しをしてくれた。

「あっ、すみません。あのー、昨日、本を車内に忘れませんでしたか？」

唐突感丸出しで、ジュンナはカバンから本を差し出す。

「あぁ、探してたんです。ありがとう」

彼は、頭をこくりと下げて礼を言った。

「いえ……見つかって、何よりです」

だがそれ以降は、特に会話がないまま時は過ぎる
彼は降車ボタンを押し、バスは刈谷駅に到着した。

（これで終わりか……）

現実は思い通りにはいかないものだ。万事休すと思われたその瞬間《とき》。

「川上圭《かわかみけい》と言います……本当に、ありがとう」

彼はジュンナに名刺を差し出した。

同日　17時。@喫茶かきつばた
名刺を見せながら、かきつばたのおばちゃんに今日の報告をするジュンナ。

「で、そのあと連絡でもしたの？」

「いや、何も……」

「ここに書いてあるアドレスにメールしたらいいじゃん。おばちゃんなら、『この前の本について興味があるから教えてもらえないですか？』とか言って誘うなぁ」

「おばちゃん、策士《さくし》やなぁ……(笑)。でも、いいかも。その本難しくて、興味の『き』の字もわかなかったけど」

「うそも方便《ほうべん》や」

同日　18時。
いよいよ記念すべき100回目のライブが始まる。コアなファンが待ちわびていた。ジュンナはボードの数字を「100」に変えて、マイクに向かって開演を宣言。

「今日は、記念すべき100回目のライブでぇーす。イエーィ！」

イエ――ィ！

こだまが何倍にもなって返ってきた。

「これも皆さんのおかげです！　ありがとうございます！」

キーボードの横にちょこんと座っている、ココもしっぽを振っている。

「愛犬のココも、祝福してくれています！

今日も精一杯頑張りますので、よろしくお願いします！

それではまずは、川嶋あいさんの『My LOVE』を聴いてください」


ジュンナが歌い終えると、スターマイン（速射連発花火）級の祝福の拍手が沸き起こった。

階段から降りてきた、男性の足が止まる。

「……あれ？」

「どっかで見かけたような……」

見覚えのある顔だちに気づいた男性は、バーゲンセールに群がる客をかき分けるように最前列に辿《たど》り着く。彼の思いは確信に変わった。

「あの子だ！」

しばらく間を置いて、ジュンナが語り始める。

「忘れもしません。震災が起きた２０１１年。

私にも何かできないかと思い、このライブを始めました。

足を止めてくれる人は、初めはひとりもいませんでした。

心が折れそうな時や、やめたいと思った時もありました」

ゆっくりと噛みしめるように発せられるジュンナの言葉に、聴衆は引き込まれていく。

「そんな中、応援をしてくれる人も現れ、励ましのお言葉をいただくようになりました。

素敵な出会いもありました。そこにいる、『喫茶かきつばた』のおばちゃんとの出会いもそうです」

「ジュンちゃん、がんばりや！　応援してるでー！」

「人を、救うのって……人の温かさや愛情なんですね」

スピーチが一区切りすると、最前列に陣取った男性がカバンから本を取り出した。

そしてそれを、ジュンナの前に突き出す。

（あっ……）

その本の表紙には、「自工程完結」という文字が。

あの彼、川上圭だった。

予想していない展開にジュンナは、嬉しさと恥ずかしさで固まってしまう。

観客が拍手を始めた。

カオスなリズムが次第に一定のリズムを刻みだし、広場を飲み込んでいく。

観客は、ジュンナが感極まって声が出ないと思っているのだろう。広場にいる、かきつばたのおばちゃんを除いては。

すると頃合いを見て、級友のサクラとアカネが花束を抱えて壁の袖《そで》から登場。

「ジュンナ、がんばったね！」

「ありがとう！　サクラ、アカネ」

嬉しいサプライズに、ジュンナの顔から笑みがこぼれる。

「皆さん、今日は本当にありがとうございました！

来週から、次の１００回に向けたスタートを切ります。これからも、よろしくお願いします！」


記念すべき１００回目のライブが終了した。

後片づけを始めると、あの川上圭が近づいて来た。

「先日はありがとう」

「い、いえ」

「こんなパフォーマンスをしているんですね」

そこでジュンナは、意を決して口を開いた。

「あ、あのぉ……お願いがあるんですが」

「何？」

「この前の本、内容に興味があるので……教えてもらえないですか？」

彼女の意外な要望に驚きながらも、彼は笑顔を浮かべる。

「あー、この『自工程完結』ね。なら、お礼代わりに、お茶でもしながら……。

何なら明日の土曜日にでも」

「えっ……あ、ありがとうございます！」

トントン拍子に話が進んだ。かきつばたのおばちゃんがこちらを見ながら、笑顔で親指を立てている。

3 奥義 ―― 自工程完結を学ぶ

4月27日　15時　@スターバックス。

店内で川上圭が待っていて、こちらに手を振ってきた。ジュンナはレジで抹茶 クリーム フラペチーノを注文し、彼の席へ急いだ。

「改めて自己紹介。僕は川上圭。23歳、会社員。好きな飲み物はこれ、フラペチーノ」

「細江純奈、高校3年生です。抹茶 クリーム フラペチーノ命なんです（笑）」

「路上ライブをやっているとは思わなかったよ。でも高3だったら、受験だよね」

「そうなんですけど……」

憂鬱《ゆううつ》そうな顔色に、圭はすぐさま話題を変える。

「自工程完結について教えて欲しいんだったよね？」

圭は、二人を引き合わせたあの本を取り出す。

「あ、はい。お願いします」

「自工程完結は、受験にも役立つと思うよ」

「ホントに!?　あ、いや……」

「いいよ、ため口で。そのほうがよそよそしくなくていい」

「じゃあ、お言葉に甘えて」

「時間も限られているので、早速、始めよっか？」

「はい、せんせー」

◇◇◇

「自工程完結とは製造現場で生まれた、**『作業者自らが責任を持って、一つひとつの工程で悪いモノは作らない、流さない』**という考え方なんだ（**図表1**）」

「一つひとつの『こうてい』で、悪いモノを作らない……」

「そう、『工程』とは『手順』のこと。英語だと、プロセス」

「あー、プロセス」

「例えば身近な例で、『カップラーメンを作る』手順で考えてみよう。

図表1　製造現場イメージ

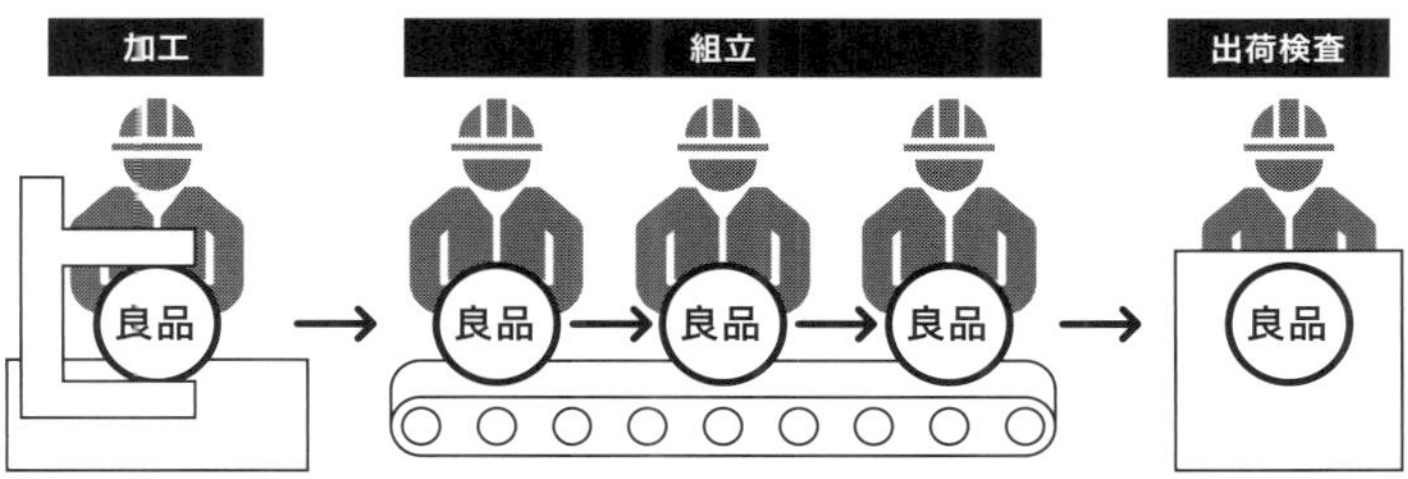

カップラーメンを作る手順を言ってみて？」

「❶カップのフタを開けて、❷粉末スープなどの袋を取り出し、❸袋を破って粉末スープなどをカップに入れ、❹お湯を沸《わ》かす。❺沸《わ》いたお湯をカップの線まで注ぎ、❻フタを閉めて、❼3分待ってできあがり！」

「惜《お》しい！」

「えっ？」

「『お湯を沸かす』手順から始めれば、沸くまでの待ち時間が短くて済む」

「あー、そっかぁ」

「このように、おおよそ7つの手順に分けられるよね（図表2）。

これらの手順を間違いなく行う、つまり『一つひとつの工程を完結させる』ことでおいしいカップラーメンが食べられるんだ」

さらに圭の話は続く。

「車って、どれくらいの数の部品でできているか知ってる？」

「えっ……んー、千個くらいかなぁ」

「小さなネジまで含めると、3万点にものぼるんだ」

「そんなに⁉」

「そんな車で、組み付けた部品が壊れてしまったらどうだろう？」

「ありえない」

「そう、命にも関わるよね。だからいくつも検査（チェック）をして、不良品があれば取り除いている。しかし発生した不良品は廃棄し、良品と取り換えなければならない。さらに部品が壊れた原因を究明する必要もあり、時間や費用《コスト》がかかるし、ムダも発生するんだ」

「確かに！」

「だから**検査に頼るのではなく、『自工程完結』によって良いモノだけを、後に続く工程＝『後《あと》工程《こうてい》』にバトンのように引き渡す**んだ。

　そうすることで**できあがった最終品も、間違いなく良いモノであると保証**される」

「そっかぁ、すごい！」

図表2　カップラーメンづくりの手順

❶お湯を沸かす
❷フタを開ける
❸袋を取り出す
❹袋を破り、粉末スープなどをカップに入れる
❺お湯をカップに注ぐ
❻フタを閉める
❼できあがりを待つ

「モノづくりの世界では、『**後工程はお客様**』という考え方がある。仕事は多くの部門や関係者で成り立っている。そこで後工程をお客様と捉えて、後工程の期待に応えるアウトプット（成果物）を引き渡して、お客様に高い品質の商品やサービスを提供するんだ。君たちが行う文化祭にたとえるなら参加する生徒だけでなく、先生や保護者など関係者も全て『お客様』と言える」

「後工程はお客様だから、悪いモノは作らない、流さない……」

ジュンナの頭の中では、お客様という概念が拡がった。

「サッカーのW杯で日本人サポーターが、試合後のスタンドに落ちていたゴミを拾う姿が世界で称賛された。あれも、『後《あと》に使用する人への思いやり』から生まれた行動だと言えるんじゃないかな」

「トイレを使った後に、スリッパをそろえるみたいな」

「その通りだね。後工程のお客様が何を望んでいるかを把握して、その期待に応えることが大切なんだ」

「じゃぁ自工程完結で、『不良品が流れなくなると、いらなくなるもの』は、なーんだ？」

「不良品が流れなくなると、いらなくなるもの……？」

そこでジュンナが、店内にあるモノを見てひらめく。

「わかった、ゴミ箱！　不良品が出なくなれば、不良品を捨てるゴミ箱がいらなくなる！」

「残念……正解は検査さ」

「あっ、そっか！　それぞれの工程で良いものを引き継いでいけば、最終的に良いモノができあがる。そうなれば、検査する必要がないんだ」

「そう、『**検査に頼らない**』ことが大切なんだ」


「ではこれからは、いよいよ自工程完結の本質に迫ってみよう」

「待ってました！」

「悪いモノが流れないってことは、『**良し悪しがその場でわかる**』ってことなんだ。これこそが究極奥義！」

「究極奥義!?　一子相伝の北斗神拳みたい」

「北斗神拳、知ってるんだ。(驚)なら、こっちも説明しやすいな(笑)」

「『良し悪しがその場でわかる』って、どういうことだろう？」

「実例で教えよう。例えば車に乗った時に、シートベルトを締めるよね？『シートベルトがしっかり締まった』と思えるのは、どういう時？（**図表3**）」

「締めた時に、『カチッ』と音がした時」

「そう、その音こそがしっかりと締まった合図であり、『良し！』とその場で判《わか》ることなんだ」

「そっかぁ！」

「ちなみに締めた後に、本当に締まっているかどうかシートベルトを引っ張ったりする。

これはいわゆるチェック、『検査』だよね。

『カチッ』と音がしたら、『締まった！　良し！』。しなかったら、『しまった（失敗した）！　悪し！』ってこと」

「うまいこと言った？」

「身近な例をもう一つ。横断歩道を渡る時は、どうしましょうって習った？」

「まずは右を見て、次に左を見て、再び右を見て、

図表3　その場で“良し悪し”がわかる（事例）

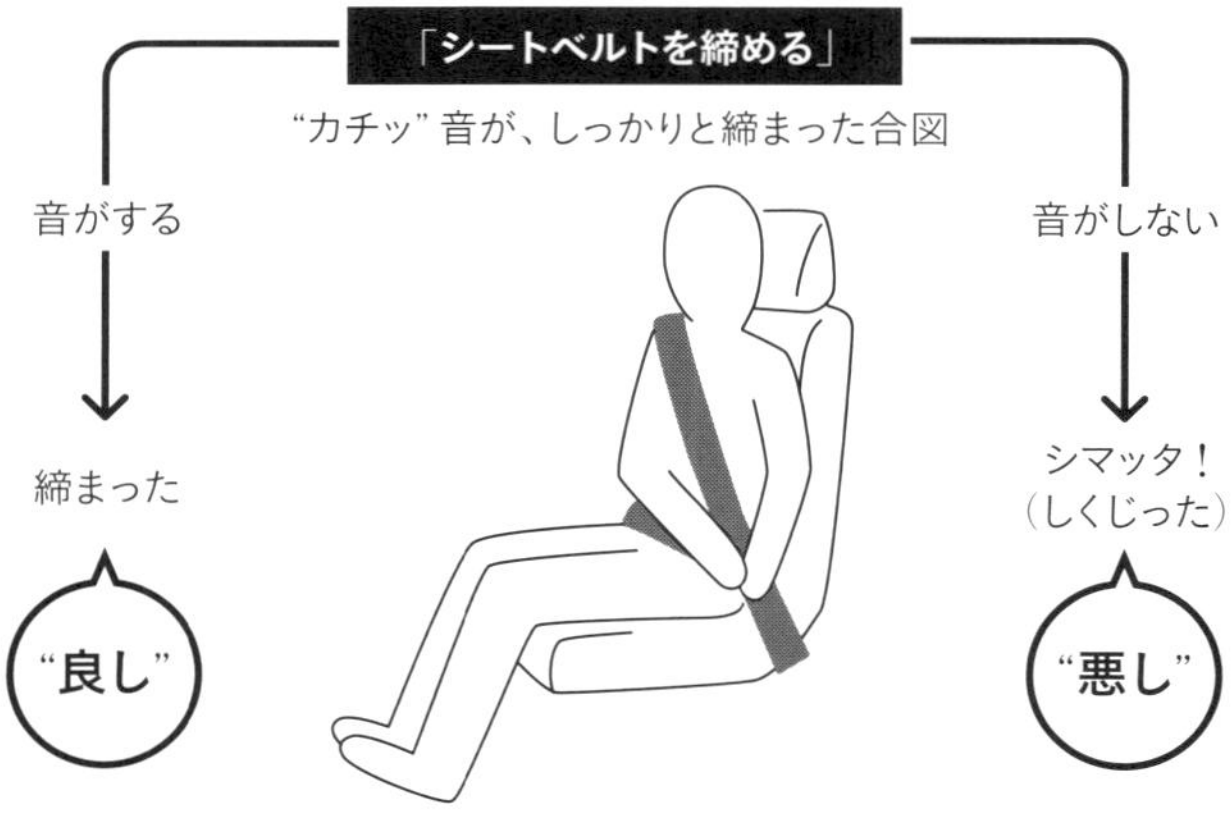

手を上げて横断歩道を渡りましょう！」

「それってまさに、自工程完結をやっているんだ。

『右良し！』『左良し！』そのあと再び『右良し！』と判断して、横断歩道を渡る」

「本当だ、知らないうちに自工程完結をやっていたんだ！」

「カップラーメンだって、自工程完結になっているんだ。

❶お湯を沸かす　**⬇『グツグツ』と音が聞こえたら、良し！**
❷（沸くのを待たず）カップのフタを開ける　**⬇線の位置まで開けたら、良し！**
❸粉末スープ等の袋を取り出す　**⬇取り出せれば、良し！**
❹袋を破り、粉末スープなどをカップに入れる　**⬇カップに入れれば、良し！**
ちなみに粉末スープなどは適量が袋詰めされており、袋から出し切れば、良し！
❺沸いたお湯をカップに注ぐ　**⬇線まで注いで、良し！**
❻フタを閉める　**⬇閉めたら、良し！**
❼できあがりを待つ　**⬇3分経ったら、良し！**

人に食べてもらう場合でも、これなら味見、つまり検査をしなくてもいいでしょ？」

「確かに。一つひとつのプロセスでカップラーメンの味を保証してるんだ」

「北斗神拳だって戦う相手の秘孔をつきながら、

『あた、たぁ、たぁ、たぁ！（良し！良し！良し！良し！）』

と叫んだ後に、相手に背を向けて決めゼリフを言うでしょ？」

「『お前はすでに死んでいる』！」

「そう！　相手に背を向けて振り向かずに、その場を去る。つまり『検査しない』ってこと」

「なるほど――！」

「自工程完結は仕事だけでなく、カップラーメンのように、料理・スポーツ・勉強などいろんな分野において質を高めたり、やり直しを防いだりできる考え方なんだ。

『段取り』って、聞いたことあるでしょ？」

「うん。段取りがいいとか悪いとか」

「段取りは『物事を行う手順』のことだけど、段取りがある全てに対して、自工程完結は適用できるんだ」

「自工程完結って、すごい！」

「今までの話を踏まえて、自工程完結を具体的に説明しよう。自工程完結では、

❶目的　❷目標　❸最終的なアウトプット　❹手順　❺判断基準　❻必要なもの

図表4　自工程完結の６つのキーワード（例：カップラーメン）

ポイント　自工程完結とは、**1.目的**　**2.目標**　**3.最終的なアウトプット**　**4.手順**　**5.判断基準**　**6.必要なもの** を明らかにする

1	**目的**	手っ取り早く、お腹を満たす
2	**目標**	5 分以内に おいしいラーメンをつくる
3	**最終的なアウトプット**	おいしくできあがったカップラーメン
4	**手順**	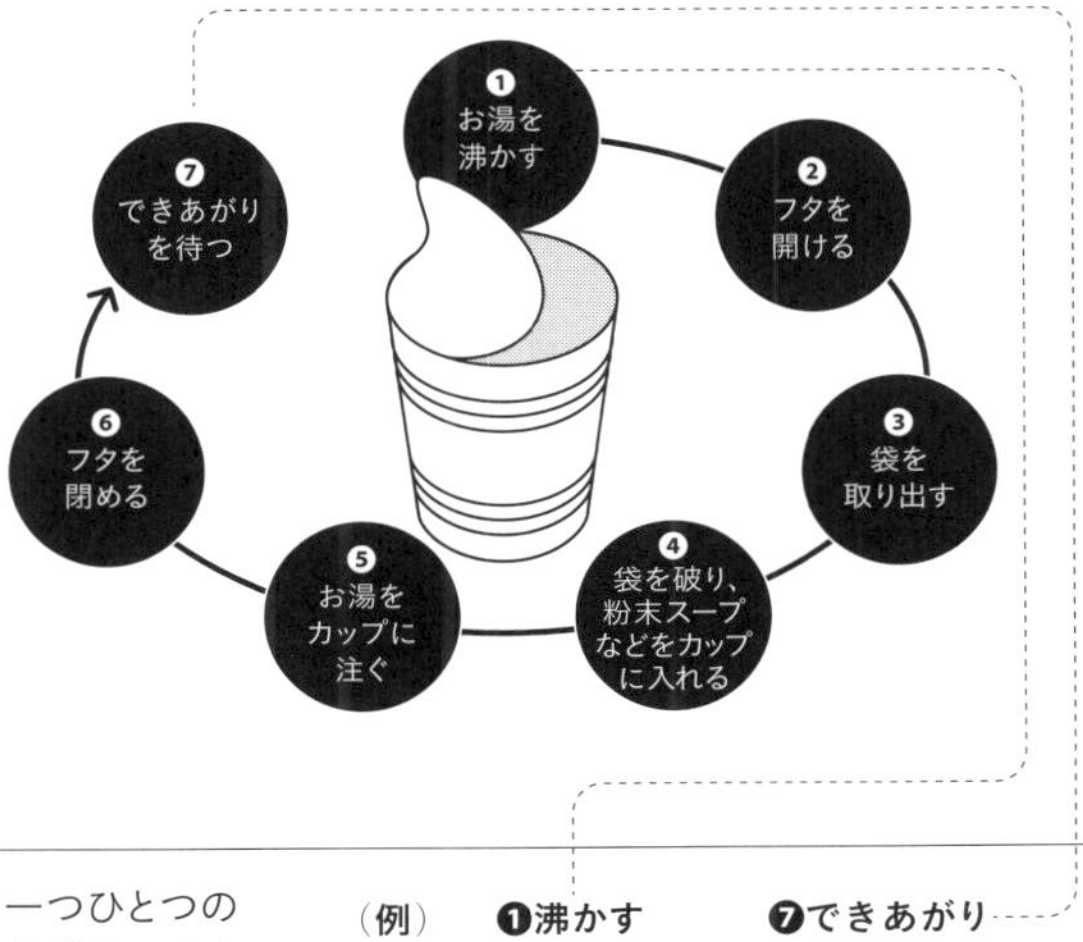
5	**判断基準**	一つひとつの作業❶〜❼を確実に行う （例）**❶沸かす** ▼ 3分待つ  **❼できあがり** ▼ “グツグツ”音 
6	**必要なもの**	・カップラーメン ・水 ・やかん（ポット） ・コンロ ・タイマー ・箸（はし） 

を明確にするんだ……」

身振り手振りを交えての、圭の講義が続いた（**図表4**）。

自工程完結を一通り説明し終えると、圭が切り出す。

「自工程完結は『**じ・こ**うてい・**か**んけつ』の頭文字を取って『ＪＫＫ』と略すんだ」

「ＪＫＫ？」

「じゃあ、気分転換にＪＫＫソングを披露《ひろう》しよう」

（えっ？　なんか、嫌な予感……）

「圭スペシャル第1弾！　ラップ調で、ＪＫＫソング！　カモン！」

目的、目標　de　目指す姿♪
先に描く　ze　最終的なアウトプット♪
手順を踏ん　de♪
必要なもの　wo　そろえ♪
要所、要所　de　判断しよう
良し！　良し！　良し！♪

まずは、やってみて　省《かえり》みて
改善《なお》していこうぜ　♪
イエーィ　イエーィ　イエーィ
ＪＫＫ《ジェーィケーイケーイ》

「さぁ、ジュンナもラップに乗ってー」

（恥ずかしくてできんわ　呆）

「僕の目標は来年、ＪＫＫソングでＮＨＫ紅白歌合戦や教育番組に出場することなんだ」

「本気《マジ》か」

リズムが耳にまとわりつく中、

「ＪＫＫ……」

ジュンナは、その言葉にどこか懐かしい響きを感じていた。

すると突然、フラッシュバックが起きる。

4 誓約

幼なじみと交わした約束

2007年。

ジュンナが通う三ツ葉小学校の教育目標は、「天賦《てんぷ》の力を伸ばそう」。

「天賦の力」とは、一人ひとりの子どもが本来持っている素質や能力を意味する。地元で産まれ、フェライトの父と呼ばれた加藤与五郎《よごろう》博士（1872～1967年）からいただいた言葉だ。

田園に囲まれたのどかな環境で、子どもたちは伸び伸びと学校生活を送っていた。そこで学ぶジュンナの天賦の力が数年後に開花するとは、まだ誰も知るよしもなかった。

キーンコーン、カーンコーン

終業の鐘が鳴った。

「カヨ！　帰ったら『いも屋』に行って、そのあとうちで遊ぼっ！」

いも屋とは、近所で人気の駄菓子屋《だがしや》である。

「うん、わかった。すぐにね！」

ジュンナとカヨは同じクラスの大親友。二人は校門を後にし、通学路の途中で別れて家路についた。

「おかあさん、ただいまー！　いも屋にカヨと行ってから、うちで遊ぶからね！」

彼女は帰るなり、二階の部屋に直行。

「帰ったばかりじゃない！　ちゃんと宿題やりなさいよ！」

母の教えをろくに聞かずに、サイフを握りしめて階段を駆《か》け下りる。

「ココ、あとでカヨが来るから、一緒に遊ぼうね！」

ジュンナはしっぽを振るココの頭を撫《な》でて、玄関を飛び出した。

◇◇◇

ハア、ハア……。

息を切らしていも屋に着いた時には、カヨはすでに店の前で待っていた。

「遅いよ、ジュンちゃん」

「ごめん、これでも速攻で来たんだけど」

いも屋は、昭和テイストのたたずまいを見せる店だ。

店の奥には還暦《かんれき》を迎えたくらいのおばちゃんが座り、棚には整然と並べられた駄菓子が。子どもだけでなく、大人でさえワクワク感が味わえる世界が広がっている。

「おばちゃん、こんにちは」

「あー、よく来てくれたね」

おばちゃんは椅子から立ち上がり、嬉しそうに二人を迎え入れる。

お菓子を品定めしながら、それぞれお気に入りのお菓子を手に取った。代金を払うとおばちゃんが、「いつもありがとね。おまけだよ」と言って、ポットから取り出したアメを一緒に袋に詰めてくれた。

◇◇◇

「おじゃまします」

「あら、カヨちゃん、こんにちは」

挨拶を交わすやいなや、二人は二階に駆《か》け上がった。テレビをつけて、いも屋で買った駄菓子をほおばりながら、ココも加わり盛り上がる。

「ジュンちゃん、これねっ」

カヨが、かわいい花柄の包装紙《ほうそうし》に包まれた物を差し出した。

「何？」

「この前、家族で清里《きよさと》に旅行に行った時に、おみやげ屋さんで買ってきたの」

「ありがとう！」

包み紙をはがして箱を開けると、チェーンが付いたペンダントが顔を出した。

「わぁー、かわいい！　大事にするね！」

「喜んでもらえて良かった」

「じゃぁ、ココも入れて、写真撮ろっ。ハイチーズ！」

テレビからは、高校サッカーの中継が流れている。

「PK戦、刈谷中央高校の最終キッカーはキャプテンです！

これを外したら、彼らのインターハイは終わります」

ボールをセットし、選手、部員、応援団が見守る中、

「ハズレたぁー！　2回戦の扉《とびら》をこじ開けることはできなかったぁー！」

テレビを見るともなく見ながら二人で買ったお菓子も食べ尽くすと、メインイベントが始まる。

「カヨ、じゃぁ、いつもの始めよっか？　ココも行くよ！」

「いぇーぃ！」

「クゥン、クゥン」

「いつもの」とは、ＡＫＢ48の歌と踊りの完コピである。

「じゃあ、『会いたかった』からいくね！」

「レッツ・ゴー！」

ジュンナはミュージック・ビデオをセットし、撮影ビデオのスイッチを入れた。足踏みしながら前方に指を差す二人。ココも二本脚で立ち、息ぴったりに決める。

「いぇーぃ！」と叫びながら、まずはジュンナとカヨがハイタッチ。

続いて「ココっ！」とジュンナが手のひらを差し出すと、その手に向かってココがハイジャンプして、ハイタッチ！

「今日もバッチリだね」

「あー、楽しかった！　ＡＫＢサイコー！」

「そうだぁ！」

ジュンナは突然、ひらめいたとばかりに、

「ジュンナとカヨでＪＫ。ココを入れてＪＫＫ48！」

「すごい、ジュンちゃん。将来は3人でユニットを組もうよ！　私たちの夢。約束だよ」

ジュンナが紙切れを出して、鉛筆を走らせた。

ジュンナ　と　カヨ　と　ココ　は、夢のとびらをあけて、

ＪＫＫ48としてデビューすることを　ここにちかいます！

二人は紙きれにサインをして指切りをした。

世界初の、犬もメンバーに入ったガールズユニット誕生の瞬間であった。

◇◇◇

＠小学校の授業

「はい、１時間目は道徳の時間です。教科書の15ページを開けてくださーい」

担任の岩下かずみ先生は、本を教卓《きょうたく》に広げて両手をついた。彼女は若いながらも生徒指導に定評があり、子どもからも慕《した》われている。

「今日は、将来の夢について考えてみましょう。みんなは、夢を持っていますか？」

ジュンナとカヨは顔を見合わせて、ウインクして口パクをする。

「ＪＫＫ48」

◇◇◇

キーンコーン、カーンコーン

ジュンナとカヨの、夢に向かった放課後が始まる。はずであった。運命は時に残酷である。楽しい日々は長くは続かなかった。カヨは父の転勤で、隣の県へ引っ越しが決まったのだ。

引っ越しの当日、カヨの家。父親が運転する車が止まっている。

「ジュンちゃん、今まで、カヨと仲良くしてくれてありがとうね」

カヨの母親が感謝の気持ちを伝えると、

「カヨ、元気でね」

「ジュンちゃん、今まで、ありがとう。これからも連絡取ろうね」

母親が助手席に乗り、カヨが遅れて後部座席に乗り込んだ。後部座席のドアが開くと、カヨが叫ぶ。

「ジュンちゃん、約束だよ！　ＪＫＫ48！」

「うん！　ココも入れて、リハーサルしようね！」

カヨが手のひらを差し出すと、ジュンナが応えるようにハイタッチ！

車が動き出す。見えなくなるまで、二人は手を振り合った。

しかしジュンナとカヨは、中学に入る頃にはメールのやりとりもなくなる。二人は、疎遠になっていった。

◇◇◇

2013年現在　@スターバックス
「ジュンナ？　ジュンナ！　どうしたの？」

「えっ？　あっ……」

ジュンナは、ふと我に返る。どれほどの時間が経ったのだろう。カウンターで注文していた客が飲み物を受け取り、隣席に座った。それくらいのわずかな時間だったが、彼女にはとても長く感じられた。

「これで、自工程完結の講義は終わり」

「フー、頭の中でいろんなことが起きちゃって……」

「いかに普段、頭を使ってないかってことだよ（笑）」

この時まだ圭は、これから起きる壮絶な出来事を予想だにしていなかった。

「鉄は熱いうちに打てって言うでしょ？　次は実践あるのみ！」

「実践⁉」

「実際に自工程完結を使って、ジュンナの人生を変えてゆこう！

勉強や学校行事、何にでも付き合うよ」

「ジュンナの人生、どうなっちゃうんだ⁉　楽しみぃ！」

5 奮迅

文化祭実行員会　出動

5月、ホームルーム。

「んーまぁー。今日は、秋に開催する文化祭の実行委員を決めたいと思う。

実行委員2名、クラスの推進リーダー2名だ」

文化祭は、刈谷女子高校の秋の一大イベントだ。

今年は創立90周年という節目の年で、文化祭も70回目を迎える。実行委員になればいつも以上にやりがいがあるだろうが、重責《じゅうせき》ものしかかる。そのせいからか、すぐには立候補者が出てこない。

「文化祭は学校の花。やりたい人はぜひ立候補して欲しい」

ジュンナが、「学校の花」という言葉にピクンと反応した。軽く握った拳《こぶし》が小刻みに震えている。

「……やります！」

静寂《せいじゃく》を切り裂く声。目を疑う光景がそこにあった。生徒らは顔を見合わせ、どよめきにも似た空気が教室を流れる。

「ジュ、ジュンナ、や（れ）るのか？」

思わず本音が出た山崎先生に、

「はい。実行委員、やらせてください！」

やる気満々のジュンナにリサ軍団は、「マジ、ありえん」と冷ややかな眼差しを向ける。

そういうリサは実行委員に推薦されたが、ジュンナとの実行委員を避ける形でクラスの推進リーダーに甘んじた。

「んー、じゃぁー、実行委員には、ジュンナとサクラ。クラスの推進リーダーには、リサとミカにやってもらう。演劇など、クラス全員で協力し文化祭を盛り上げて欲しい」

◇◇◇

職員室では早速、ジュンナの話でもちきりであった。

「あの細江が立候補するなんて……」

「文化祭のライブを乗っ取るつもり？」

そんな冗談まで出るように。無理もない。勉強そっちのけで路上ライブに熱中し、成績はブービー。ドロップアウト（脱落）的なキャラだと思われていたのだから。

「途中で投げ出すんじゃない？」

「投げ出すくらいならいいけど、周りに悪影響が出るんじゃあ……」

文化祭の顧問である柴田先生も、かなり不安を感じていた。

◇◇◇

文化祭実行委員の立て札が掲げられた一室。とは名ばかりで、作業室のような雑然とした場所で実行委員の初会合が開かれた。刈女の各学年は8クラスあり、全校で総勢48名の実行委員が集結。自主性を重んじるため文化祭の運営は全て生徒に任せられ、先生は指南《しなん》役《やく》にまわっている。

顧問の柴田先生から
「記念すべき節目の年に、君たちの力で歴史に残る文化祭を開催して欲しい」

と激励されて、集まった生徒は身が引き締まる思いを抱きながら目を輝かせている。

ジュンナは今度は、「歴史に残る」という言葉にピクンと反応する。

「まずは、実行委員の役職者を決めたいと思う」

実行委員の主な役職には実行委員長を筆頭に、企画、運営、展示、会計の各部門長の計

5つのポストがあり、企画部門長が伝統的に副実行委員長を兼任することになっている。これら要職が文化祭実行委員の執行部であり、企画を練る頭脳集団（シンクタンク）だ。

文化祭実行委員は、略して文実（ぶんじつ）と呼ばれる。刈谷女子高校ではこの文実を女性の名前の「あやみ」と読むのが伝統。文化祭実行委員の執行部は「文実（あやみ）5人衆」と呼ばれ、生徒からリスペクトされる。

「立候補する者はいるか？」

するとここでもジュンナ旋風が起こり、彼女が実行委員長の座を射止めた。

「じゃ、じゃあ実行委員長は細江に決まりだ……しっかりやってくれよ」

激励の言葉とは裏腹に、柴田先生の頭の中では『史上、最悪の文化祭』、『最低の顧問』といったネガティブワードが頭を駆け巡る。

続いて副委員長兼《けん》企画部門長は、成績優秀な影のリーダー3年1組、「みくりん」こと美玖理《ミクリ》。ジュンナの右腕となるポジションを、先生が半ば強引に決めた感がある。

運営には根っからの理科系女子（リケジョ）、3年5組の理伽《リカ》。口は悪いが頭はいい。展示には美術部の部長を務める3年6組、「おしゃれ番長」こと望音《モネ》。会計には放送部所属の3年8組、「ミトちゃん」こと萌えキャラの美都《ミト》に決まった。

適材適所の人選であった、実行委員長を除いては（**図表5**）。その後、各部門のメンバーが決まり、刈女の文化祭実行員の体制が整った。

最後に柴田先生に促され、ジュンナが就任のあいさつを行う。

「実行委員長の細江ジュンナです。一言で言えば、楽しみしかないです。

企画の場は、『スターバックス』と『この場』で、楽しくやって、盛り上げていこう!!!」

こうして柴田先生から「苦しみしかないわ」という愚痴《ぐち》が漏れそうな、前途多難な文化祭実行委員の活動がスタートした。

◇◇◇

@スターバックス（文化祭の企画へGO）
「抹茶 クリーム フラペチーノのトール、おひとつでよろしいですね…」
ジュンナは早速、文実5人衆をスターバックスに呼び出し

図表5　文化祭実行委員の組織

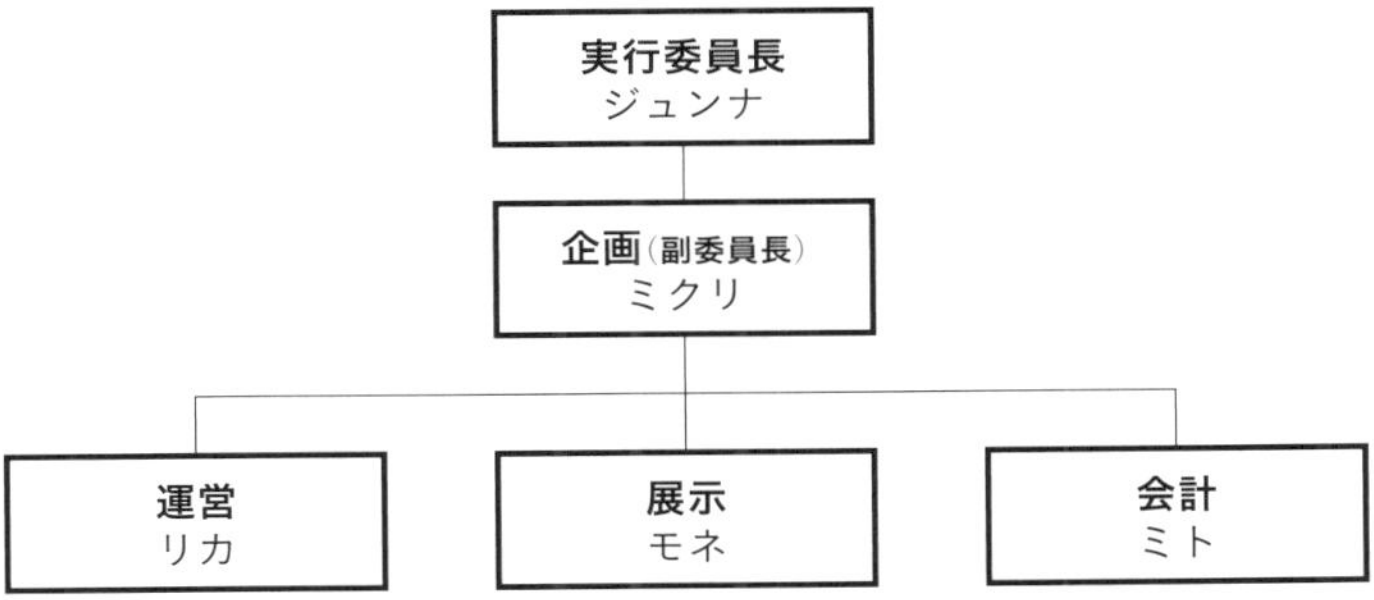

て作戦会議に入った。
しかし案の定、そこは女子会よろしくガールズトーク全開。

リカ　「抹茶 クリーム フラペチーノ、めっちゃおいしいんだけど」
ジュンナ「でしょ？」
モネ　「ちょっと飲ませて」
ミト　「このカフェ モカもヤバくない？」
ミクリ　「刈谷中央高校サッカー部って、県でも実力校でしょ？」
ジュンナ「伝統の赤だすきのユニフォーム、イケてるよねー」
ミクリ　「何年か前にインターハイに出た時、すごい盛り上がったって」
モネ　「その時のキャプテンが超イケメンらしくて」
ミト　「今のキャプテンもイケてっしょ」
モネ　「あーあ、マネージャーやりたかったなぁー」
リカ　「そもそも学校が違うし（笑）」

そこで、あの男が合流する。ジュンナが手招きすると、彼は自己紹介を始めた。

「川上圭です。圭と呼んでください。

文化祭の企画を練ると聞き、お役に立てればと駆けつけました」

ジュンナは秘密兵器を用意していたのだ。メンバーは予期せぬゲストに驚くが、そのイケメンぶりに色めき立っている。おしゃれ番長モネらは、落ち着きなく髪をさわりだしている。

メンバーからの自己紹介が終わると、ジュンナが語りだす。

「圭に来てもらったのは、文化祭を成功させる極意を皆に知ってもらうためなの」

「ジュンナから、文化祭を成功させるために『自工程完結』という考え方をメンバーに伝授して欲しいと頼まれて」

メンバーは『自工程完結』という初めて耳にする言葉より、名前を呼び捨てにし合う二人の関係が気になった。

早速、自工程完結の講義が始まる。

昨年の文化祭のスケジュール表を見ながら、圭が語る。

「何日か集まって、集中してミーティングを開こう。5月末までに文化祭の構想を固めるくらいのスピード感で行こう。今日はまず、『自工程完結』の概要を理解して欲しい。

手初めに、『文化祭あるある』からお題を一つ。

文化祭の実行委員が、運営や出し物の進み具合を制作関係者に確認する時の一コマだ。

ある日、実行委員が出し物の制作関係者に「作業は順調に進んでる？」と尋ねると、「順調です。任せてください！」という自信満々の回答が返ってきた。

それを聞いた実行委員は、安心し切っていた。

ところが文化祭開催の直前になってみると、ドタバタ状態になっているではないか！

「小道具が無い」など、制作がぜんぜん間に合ってなかった。

その結果クオリティーが低く、企画倒れになってしまった……。


メンバーは前のめりになって、圭の話に耳を傾けている。

はたから見ると新米の先生が、集めた生徒に熱血指導をしているように見えるだろう。

圭　「何でこんな状態になってしまったんだろう？」
ミクリ　「行き当たりばったりで進めたから……」
リカ　「計画性がねーし」
モネ　「見通しが甘いよね」
圭　「そうだね。要は『段取りが悪い』からなんだ」

そこで圭は、自工程完結の極意を一通り皆伝《かいでん》する。すると案の定、ミトが開口一番。

「なんか、言葉からしてムズいんですけどぉー」

聞きなれない言葉のオンパレードで、アレルギーを起こしているようだ。だが圭は、そんなこともあろうかと「秘策」を用意していた。

「ならここでちょっと、コーヒーブレイク。グループでＬＩＮＥを交換しよう！」

すぐに全員が「いいよ！」「作ろう！」「イエーイ」と賛同。

圭　「じゃぁ、グループ名は……」
ミクリ　「文実の会議だから、『あやみーてぃんぐ』ってのはどう?」
ミト　「さすが、みくりん！」

ここから圭の秘策が始まる。

圭　「じゃあＬＩＮＥも使いながら、身近な**化粧**を例に説明しよう。
まずメイクの**目的**は、『**身だしなみを整える**。**キレイに見せる**』だよね。
さらにその目的は、『**彼氏を作り、幸せを得る**』かもしれない。

目標は、『**30分以内に北川景子のようになる**』。
最終的なアウトプットは、まさに**北川景子**だよね」

モネ　「ウケるんですけど」

圭はメンバーにＬＩＮＥを送る。

圭　「今、送ったのは、メイクのやり方が書かれたサイトだ」

ミト　「北川景子風のメイク術だぁ。アイメイクは、❶ビューラーでまつげを上げて、
次に、❷アイラインを引いて……」

圭　「そうそう、大まかに４つの手順が書いてあるよね（笑）。これを参考に説明しよう」

ここで圭がさらにギアを上げて、メンバーに秘密兵器を配る。

「これは、自工程完結の考え方が入った『プロセス整備シート』だ。
このシートを埋めていけば、自ずと自工程完結になるってわけ。
では、プロセス整備シートに従って説明しよう（**図表6**）。

（1）**『アイメイク』**の手順を例にとると、

（2）**方法**は、**具体的な4つの作業**。実際には、これらをさらに細かく分解していこう。

（3）**判断基準**は、**4つの作業の一つひとつができていること**。

（4）**必要なもの**に、**『❶情報 ❷道具 ❸能力 ❹注意点・理由』**。

まず、**❶情報**は、**北川景子の顔写真**など。

❷道具として欠かせないのは、北川景子になるための**メイク道具**。

化粧水、コンシーラー、アイシャドウ、ビューラー、アイラインに……」

次から次へとメイク道具が、圭の口からついて出てくる。

「マジか!?」「まさか？」「圭子か!?」

彼女らが、そう思ってしまうのも無理はない。圭は咳払いをしながら話を続ける。

「**❸能力**は、**化粧術**など。最後の**❹注意点・理由**は、**夜更かしをせず**、**睡眠時間を十分に取る**などかな？　眠そうな、充血した目では、キリっとした魅惑的な瞳が台無しだからね。

図表6　自工程完結で北川景子になる（プロセス整備シート）

目的	身だしなみを整える。キレイに見せる
目標	30分以内に北川景子になる
最終的なアウトプット	北川景子

手順

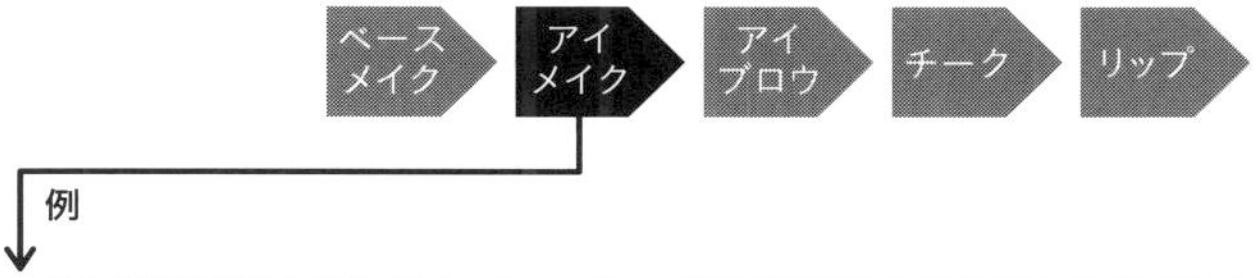

1	2	3	4
手順	**方法**	**判断基準**	**必要なもの**
アイメイク	**❶ビューラーで まつげをあげる** **❷アイラインをひく** **❸マスカラをつける** **❹アイシャドーをぬる** 大まかな手順を描き、細かい手順へ（行動できるレベルまで）分解していく	・**4つの作業ができている** ・第3者が納得できている	❶情報 ・**北川景子の顔写真** ・化粧要領 ❷道具 ・**メイク道具** ・鏡 ・ティッシュ ❸能力 ・**化粧術** ・美的センス ❹注意点・理由 ・**夜更かしせず、睡眠時間を十分に取る** 《理由》 ・目力不足 ・クマができる ・目が充血

「これで、誰でも北川景子になれる！」

「誰でも!?」

「あっ！　北川景子風ね（笑）。自信がないなら北川景子の写真と見比べて、チェックする『検査工程』を入れるんだ（笑）」

「ウケるー（笑）」

圭は、今日のあやみーてぃんぐの最後にどうしても伝えておきたいことがあった。

「物事には**順番**があるんだ。特に大切な順番は、『**重要なもの**』を優先すること。その代表例が、『**❶安全→❷品質→❸生産性**』の順」

「安全→品質→生産性……？」

「つまり、何を差し置いても命に関わる『安全』が最優先なんだ。次に『品質』、最後に成果や儲《もう》けにつながる『生産性』ってこと。

例えばハウスメーカーが家を建てる場合、まず、作業員や通行人の安全を第一に確保する。その上で、お客様が満足する高品質な家を建てる。最後に、そのような家を多く建てて利益を得る。この順番だ。儲けを優先して急いで次から次へと家を建てて、安全や品質をないがしろにしてはいけないんだ。

文化祭も同じだ。まずは安全を確保してから、質の高い出し物などを提供する。そして最後に、多くの方に観てもらって満足してもらえるようにする。

これをぜひ覚えておいて欲しい」

「らじゃー！」

◇◇◇

@スターバックス（自工程完結 de 文化祭）

「キャラメル マキアートのトールですね？　文化祭、うまくいくといいですね」

店員からの思わぬエールに、満面の笑みで返すメンバーたち。

この場で彼女たちは、悩みながらも文化祭の企画を練ってきた。

そのおかげで企画の大枠が固まった（**図表7**）。

「では、次に、文化祭のスローガンを考えてみよう」

「イエーイ！」

メンバーは、次々とスローガンの案を出していく。

・刈女魂《かりじょだましい》
・刈女PRIDE《プライド》
・3つの「つ」（つたえる／つづける／つながる）
・絆《きずな》
・祭《さい》は投げられた
・Beyond the Expectations《ビヨンドジエクスペクテーションズ》（期待を超えろ）

ほどなくして案が出なくなった。そろそろ絞り込もうという空気が漂う中、突然モネが口を開く。

「いっそのこと『自工程完結』とか、『JKK』とかにしたら？（笑）」

それにミトが反応する。

「それいいかも！　JKKって、女子高・刈谷にかかってるし。

AKB48みたく、『JKK70』ってのもいいかも！」

まさに、その時だった。ジュンナの脳裏に刻まれた、あの

図表7　文化祭の企画概要（目的・目標、最終的なアウトプット）

目　的	❶**全員参加**による**創作活動**や様々な出会いを通して、**絆**を深め、一人ひとりの**成長**につなげる ❷保護者、地域の方々と**交流**を図り、日頃の**感謝**の意を示すと共に、本校への**理解**と**親睦**を深める。
目　標	**満足度**※：80％以上、他 ※「満足した」と回答した割合
最終的なアウトプット	**インタラクティブ**※**による** **学び＆遊び＆結び**（交流）**の場を提供する『文化祭』** ※対話、双方向（ヒト、モノ、コトなど様々出会いの接点）

記憶がよみがえる。７年前に交わした誓約書。そこに書かれてあった文字……

　ジュンナ　と　カヨ　と　ココ　は、夢のとびらをあけ、
　ＪＫＫ48としてデビューすることを　ここにちかいます！

「とびら！　扉よ！」

ジュンナの脈絡もない突然の叫びに、ミトなどはフラペチーノを吹き出しそうになった。

「『扉を開けよう！』ってのはどう？　扉は、『夢の扉』、『心の扉』、そして、……『可能性の扉』！」

仲間が次々と賛同する。

「それ、マジいいじゃん！」

「未来に向かっていく感じで、今の刈女に合ってるんじゃない？」

「それにその３つの扉って、ストーリーになるし。『夢の扉』は、夢や目標を持つ。

『心の扉』は、心を開き、みんなと心を一つにする。

『可能性の扉』は、チャレンジする、あきらめない。

つまり『夢を持って、皆で心一つにしてチャレンジ』！　みたいな」
彼女たちの言葉を受けて、ジュンナが決意を述べる。
「私たち、諸先輩が築き上げてきた財産を受け継いで、発展させるために……
自分たちの手で、３つの扉を開けるのよ！」
「イエーイ！」
今日一番の盛り上がりを見せて、スローガンが決まった。

『開けよう！　明日への３つの扉!!!』～夢の扉、心の扉、可能性の扉～

メンバーは文化祭の運営手順についても、プロセス整備シートを用いて描いていく。

モネ「フー、頭が爆発しそう」
ミト「疲れたぁ」
リカ「最初はムズかったけど、やりながら改善していけばいいんじゃね？」
ミクリ「そうね。やることが明確になれば文化祭の質も上がり、やり直しもなくなるし」
ジュンナ「10年後、30年後の刈女の将来に向けた第一歩。今こそ自工程完結をやるのよ！」

ミクリ「ジュンナの言う通り、私たちがまず扉を開けなくちゃ！
　言うだけじゃなく、自ら行動で示さないと！」
リカ「頑張って作っていこう！」
全員「イエーイ！」
ミト「あ、そうそう！　ジュンナ、文化祭でも体育館でライブやったらいいじゃん」
モネ「実行委員長の独演ライブ！　ヒューヒュー」
ジュンナ「やっていいなら考えてみる！　扉をイメージした歌も作ってみるね」

前はガールズトークばかりしていたのに、今では一つの目標に向かって情熱をぶつけ合っている。圭は、そんな彼女たちを頼もしく感じた。

そして彼は一同に語る。

「志を高く、10年後、30年後まで引き継がれていくものを目指して欲しい。

半世紀前にアポロ11号に乗って、人類初の月面着陸に成功したアームストロング船長は、地球に次のようなメッセージを送った。

『この一歩は、一人の人間にとっては小さな一歩だが、人類にとっては偉大な一歩だ』

このスターバックスで始まった小さな一歩が、将来の刈女にとっての偉大な一歩になることを、僕は願っている」

「あれれ、みんな涙ぐんでね？」

「そういう、リカだって！」モネのツッコミに、

「ちげーし」と強がりを言うも、テーブルには涙と笑いが溢れていた。

◇◇◇

文化祭の企画報告。

ジュンナたちは、あやみーてぃんぐで固めた文化祭の企画を文実メンバー全員に披露。みんなで更なる磨《みが》きをかけた。サクラは「ジュンナ、やるじゃん。マジぱねぇ」と、人差し指で鼻の下をこすっている。

彼女たちはついに、柴田先生に企画を報告することに。職員室の一角。文化祭に関するファイルが乱雑に置かれた机に向かい、茫然《ぼうぜん》と一点を見つめる柴田先生。ゴシップ誌を愛読する隣席《りんせき》の近藤先生が、見るに見かねて声を掛ける。

「浮かない顔してますね」

「あー、これから文実からの報告があるんですよ」

どんよりとした空気をまとった柴田先生に、

「それは大変ですね。お察しします」

無理もなかった。スターバックスでの盛り上がりはリサ一派らによって、ジュンナを標的にする形で歪曲《わいきょく》され、伝言ゲームよろしく学校中に伝染していた。

◇◇◇

廊下でたむろするリサ軍団。

「なんか、ジュンナがハリキッちゃってるんだって」

「かき回しているらしいよ」

そこにジュンナが通ると、これ見よがしに会話をやめ、さげすんだ目を向ける。

「実行委員長風《かぜ》、吹かせているらしいし……」

「スターバックスで、周りのお客さんに迷惑かけてるって聞くし」

ヒソヒソ話を背中で感じ、通り過ぎるジュンナ。

またある時は、トイレの手洗い場で噂話に花が咲いている。

「出しゃばり過ぎなんじゃない？　委員長さん」

「泣いてるメンバーもいたって言うじゃん」

「今年の文化祭、マジ大丈夫かなぁ」

「ミクリがいるからいいと思うけど……」

トイレの一室で耳をすませるサクラ。彼女は根も葉もないウワサを聞きながら、悔しさで拳を握りしめている。尾ひれ葉ひれが付いて、文実のステータスは揺らぎ始めていた。

◇◇◇

いよいよ企画を報告する大一番。文化祭実行委員の作業場の一角。

ジュンナは文実五人衆を従えて、柴田先生に企画書を差し出した。

柴田先生は重い息を吐きながら、への字に口を結び、腕を組んで斜《しゃ》に構えている。

静かな口調でジュンナは説明を始めた。

「文実の総力をあげて、今年の文化祭の企画をまとめました。ご指導をお願いします」

柴田先生の頭がわずかに上下に動き、うなずいたようにも見えたが、眉間にはシワが。

「**文化祭の目的**は、次の2点です。
❶全員参加による創作活動や様々な出会いを通して絆を深め、一人ひとりの成長につなげ

る。

❷保護者や地域の方々と交流を図り、本校への理解と親睦を深める」

柴田先生の目がパチパチッと見開き、企画書を追いかけ始める。

「**スローガン**は、第70回文化祭の節目の年に来《きた》る100回を見据えて、

『開けよう！　明日への3つの扉!!!』～夢の扉、心の扉、可能性の扉～」

「さらに10年後、30年後も、刈女の文化祭が生徒の一生の思い出になり、地域の人にも親しまれるために、『**自工程完結**』の考え方を織り込んだ、運営手順や仕組みを整備します」

「こちらが文化祭の運営手順になります。いつまでに何を行い、何をもってOKとするかの**判断基準**、そのための**必要なもの**を明らかにしています」

完成度が高い報告内容に、斜に構えていた先生は、いつの間にか前のめりに。

「これ、お前たちが作ったんか!?」

思わず驚きの声をあげた。

「そうよ、先生。ジュンナがリードしてくれたんだから！」

「刈女の文化祭を一段高いステージに、ジュンナが導いてくれるって確信できたし」

両脇を支えるミクリとリカが、ジュンナへの想いを吐き出した。メンバーの気持ちに触れたジュンナは、背負っていたプレッシャーから解放されたか目に光るものが。そして同時に、ある想いが沸き上がった。

「先生！　過去の文実の先輩たちは、リスペクトされる存在でした。しかし今年は不甲《ふが》斐《い》ないリーダーのもと、先生やみんなに心配や迷惑をかけました。でも実行委員のみんなで悩み、励まし、協力していく中で私を支えてくれ、チームとしても成長できたと実感しています。この素晴らしい仲間たちと『自工程完結』を武器に、先輩たちにも胸を張れる文化祭にしたいんです！」

「ジュンナ！」

作業場には鼻をすする音が交錯した。柴田先生のも含めて。

◇◇◇

「近藤先生、見てください！　文実が考えた、今年の文化祭の企画書！」

職員室でゴシップ誌にかじりつく近藤先生に声をかけ、柴田先生が企画書を机に広げる。

すると他の先生たちも、何事かと集まり始めた。

「細江が中心になって、考えたって？　これは、すげぇなぁ」

「ジュンナは一体、どんな魔法を使ったんだ⁉」

先生らが絶句すると、柴田先生が自慢げに答える。

「『自工程完結』っていう考え方らしいです。それで細江から、『想いを一つにするために全校生徒を集めて、文化祭の説明会を開催したい』って提案を受けて」

「やらせてみましょうよ！　ひょっとすると、ひょっとするかも」

◇◇◇

全校生徒が急遽、体育館に集められた。

「こんなこと、今まで無かったよね？」

「実行委員長の細江の提案なんだって」

「あのジュンナが？　時間のムダだし」

「マジ、ウザくね？」

リサ軍団は、ブーイングの一つでも浴びせようと企《たくら》んでいる。

そんな中、文実五人衆が舞台に登場した。

中央にはスクリーンが。プロジェクターで文化祭の概要を説明するつもりなのだろう。

ジュンナが数歩前に出てマイクに向かう。一礼するも、拍手はまばら。彼女は、マイクを手元に引き寄せて深呼吸。

その後、文化祭の企画概要と、自工程完結のＡＢＣを説明し始めた。

「そしてこれが、今年の文化祭のスローガンです」

映し出された扉のロゴマークが、生徒たちの心をわしづかみにした。

美術部であるモネが創作したものだ。

生徒たちの反応を目の当たりにした彼女は、小さく「イエス！」とガッツポーズ。

さらに実行委員は自工程完結を理解させるため、おしゃれ番長モネを使って北川景子のメイクを実践。それを中央スクリーンでアップに映し出す。

「きゃー、景子ー！」

なんとも手の込んだショーだ。身振り手振りを交えたアクティブなプレゼンに、生徒のみならず先生も引き込まれていく。

山崎はジュンナの勇姿を見て、「ジョブズか⁉」とつぶやく。彼女は路上ライブを通じて想いを伝える術《すべ》、すなわち『必要なもの』であるプレゼン能力を自然と身につけていたのだ。生徒たちは、これまで体験したことのない圧巻の内容に衝撃すら受けている。

「刈女のみんな！　今年の文化祭、一生の思い出にしていこう‼」

ジュンナの声の直後、割れんばかりの拍手の嵐が沸き起こる。
サクラは「ジュンナ、マジぱねぇ」と呟きながら、人差し指で鼻の下をこすっている。
一方、リサ一派は、苦々《にがにが》しい表情を浮かべていた。

6 別離

幼なじみとの永遠の別れ

文化祭の準備は、順調に滑り出した。ただそれとは対照的に、運命の歯車が音を立てて狂い始める。

ガタン、ゴトン、キィーー。

「カリヤー、カリヤー、お忘れ物がないようお降りください」

一人の少女がアナウンスが響き渡る、刈谷駅のホームに降り立った。

帰宅を急ぐ人の波にもまれながら、ホームから階段を掛け上がり、改札を抜ける。

刈谷駅にはJRと私鉄が乗り入れていて、駅構内の北側には刈谷の夏を彩《いろど》る天下の奇祭《きさい》『万燈祭《まんどまつり》』の万燈《まんど》が鎮座《ちんざ》している。万燈とは高さ5m、重さ60kgほどもある、竹と和紙で作られた張子《はりこ》の武者《むしゃ》人形のことだ。

一方、南側へは横断歩道橋と広場の機能を併せ持ったペデストリアンデッキが伸び、「みなくる刈谷」という商業施設につながっている。

（万燈祭の時期かぁ。刈谷駅、変わったなぁ……）

久々に故郷に戻ったカヨ。以前は殺風景《さっぷうけい》だった駅も、今では再開発が進んで様変わりをしている。7年という時の流れを感じずにはいられなかった。

改札口を出た頃から、心地よい女性の歌声が階下から流れてくる。その声に導かれるように階段を下りると、そこには一人の女の子が、10人ほどの観客を前に路上ライブをしていた。

（路上ミュージシャン……文化的な街になったんだ）

感慨深めに歩《ほ》を進めると、次の瞬間、カヨの体に電撃が走る。

（ジュンナ!?）

ライブをしていたのは紛れもなく、7年ぶりに見るジュンナだった。

キーボードを奏《かな》で、歌う姿は、凛《りん》としていて眩《まぶ》しかった。美しい歌声は、小学校の頃からさらに磨きがかかっている。観客も魅了されていることは、その表情やしぐさから見て取れる。

（ジュンナ、すごい……）

ジュンナが歌い終えると、寝そべっていたココがそわそわと動きだして、後ろ足の二本で立ち上がった。そして次の瞬間、前足を挙げてジャンプ！

久しぶりに見たココのハイタッチポーズに、

（えっ⁉　まさか……？）

と思いながら、ココの視線の先を追うジュンナ。するとそこには、同年代の女の子が立っていた。

（カヨ⁉）

待ち焦《こ》がれていた大事な人と、出くわしたような衝撃だった。

ライブを中断して、立ち上がるジュンナ。

カヨは手を振りながら、小走りで彼女に駆け寄った。

二人の距離が近づくにつれ、時間が巻き戻って行く。ココもシッポを振って、カヨを迎え入れる。

「ジュンちゃん」

「カヨ！　久しぶりぃ！」

7年の歳月は二人の女の子を、思春期の少女へと成長させていた。

「ジュンちゃん、ライブやってるんだ」

どことなく声に張りがないカヨは、寂しげな笑みを浮かべている。そんな彼女が心配になったジュンナは、つい「元気？」と声をかけるが

「ジュンちゃんの元気な姿を見て、元気が出てきた……用事があるから、また来るね」

とだけ言い残して、足早に去っていった。

◇◇◇

数日後。

「えっ……」

ジュンナの母親の明子がメモを走らせ、そして電話の受話器を下ろす。

明子の驚きと悲壮感が入り混じった声が、ただならぬ事態であることを想像させた。

「カヨちゃんが……亡くなったって」

居間でテレビを観ていたジュンナの心は、一瞬で凍り付いた。「亡くなった」という言葉の意味が、なかなか頭に入ってこない。

◇◇◇

翌日の新聞には、女子高生が亡くなった記事が小さく取り上げられていた。

電車に跳ねられたらしい。

ジュンナは明子と二人で、カヨの住む街の斎場へ向かうために電車に乗り込んだ。

電車の中では、女子高生が楽しそうにおしゃべりをしている。車窓に目を向けると、のどかな街並みが見える。人々の暮らしが感じられる。

「カヨは、もうこの世にいないんだよね」

母は娘の問いに、すぐには答えられなかった。

「お母さん……生きるって、どういうこと？」

少し間ができたあと、明子はようやく答えだす。

「生きるって、素晴らしいことよ。命は、かけがえのないもの。

人は、いつかは旅立つものなのだけど。

親にとっては……子どもに先立たれるほど、辛いことはないわ」

母の精一杯の答えを聞いたジュンナの心の中に、ある言葉がふと浮かんだ。

（順番が大切……）


カヨの告別式には、彼女の学校関係者や生徒も多数参列した。17歳だった女子高生の、突然の死。斎場は重苦しい空気に包まれていた。

祭壇ではカヨの遺影が、こちらに向かって微笑みかけている。カヨの両親は気丈《きじょう》に振舞おうとはしているが、悲しみのあまり立っていられないほど憔悴《しょうすい》し切っている。

親族に一礼をし、遺影を前に焼香《しょうこう》をあげ、手を合わせるジュンナ。彼女の脳裏に、先日交わした最後の言葉がよぎった。

「ジュンちゃんの元気な姿を見て、元気が出てきた」

ジュンナは、悔しくてたまらない。

(カヨ……元気が出たんじゃ、なかったの!?)

厳《おごそ》かに進められた葬儀も、喪主《もしゅ》である父親の挨拶を残すのみとなった。

その時、事件は起きる。

「なぜ娘を、助けてくれなかったんですか！」

取り乱した母親がスーツ姿の、カヨの高校の教諭らしき人たちに詰め寄った。先生たちは神妙な面持ちで立ち尽くしている。

母親は足元もおぼつかず、怒りをぶつける教諭たちに倒れ掛かかりそうになる。そこでカヨの父親が妻を抱きかかえ、ひとまずその場をおさめた。

話の内容からカヨが亡くなった原因は、いじめらしいことが伺《うかが》えた。父親は妻が取り乱したことを参列者に詫びた後、挨拶を行った。

「一人娘として生を受けた佳代は、歌が好きでした。内気でしたが友に恵まれた、充実した小学校生活を送れていたと思います。しかし娘は転校をきっかけに、少しずつ笑顔がなくなっていきました」

カヨの父の言葉には最愛の娘を無くした無念さと、親として守りきれなかった申し訳なさが込められていた。そして最後に、切なる想いを吐露《とろ》した。

「父さん、母さんの子として、生まれてきてくれてありがとう。いずれ近い日にまた逢って、抱きしめたい」

場内からは、すすり泣く声が漏れ聞こえた。

◇◇◇

その数日後。カヨの母から「ぜひ家に来て欲しい」と一本の電話が入った。ご霊前に線香を上げた後、カヨの母親はおもむろに話を始めた。

「カヨは、いじめにあっていたの」

ジュンナは相づちを打つこともできず、下を向くばかり。

「日に日にカヨから笑顔が消えて、元気がなくなっていくのがわかったの。問いかけても、何も話してくれなかった」

状況は悪くなるばかりで、カヨの持ち物が何度も紛失したりもしたそうだ。

間もなくして、彼女は不登校に。

「何度も学校へ行かせようとはしたんだけど、朝になるとベッドから起きられなくなっていた」

そこでようやくカヨは、クラスメイトからいじめに合っていることを泣きながら打ち明けてくれたそうだ。

「担任の先生に相談したけど、『いじめの事実は確認できない』と言われて真剣に向き合ってもらえなかった。

ただ、不思議なことが起きてね。あれだけふさぎ込んでいたカヨが、元気そうな姿を見せて『今度は絶対、学校へ行く』って話してくれたの。

それで先生に相談したら、『温かく迎え入れるから』と約束してくれて。

だからカヨ、久しぶりに学校に行ったの。

でもそうしたらクラスメートだけでなく、先生たちからも白い目で見られていたようで……その直後に、あの子っ」

ジュンナの胸は張り裂けそうになった。あの時、自分に何かできたのではないか。彼女は自分を責めた。

そして、カヨと再会した日のことを話した。

「私、刈谷駅前でライブをやっているんです。そしたらカヨが、ライブに突然現れて。

元気がない感じで、『用事があるから』って言って、すぐにどこかに行ったんです」

「えっ？ 何しに刈谷へ……？」

母親は、カヨがなぜ刈谷に行ったのか心当たりがないらしい。

そんな中、ジュンナはテーブルに置いてあったＤＶＤにふと目が止まる。母親が準備していたようだ。

「最近、カヨが見ていたようなの」

ＤＶＤをプレーヤーにセットして再生を始める。

すると、テレビの画面に、ＡＫＢ48の歌を唄うジュンナとカヨの姿が映し出された。さらに可愛く吠えながらジャンプしているココの姿も。ＤＶＤはジュンナ自身、撮ってから一度も見てはいない。存在すら忘れていた。

「カヨ、高校3年になったら、デビューしよっか」

「高3の今日がデビューね！」

「イエーィ」

むじゃきにハイタッチをする2人。

「あっ、ちょっと」

何気なく見ていたジュンナは映像を止めた。

「確か、この前出会った日って……6月14日」

ジュンナは映像を巻き戻す。

「高3の今日がデビューね！」

映像の右下に、撮影日が記されていた。6月14日だった。

「カヨ……約束した日に、私に会いに来てくれたんだっ」

カヨが口にした「用事があるから」というのは、とっさに出た言い訳に違いない。ジュンナとカヨとココで、仲良く写真におさまるシーンで映像が終わった。そこでカヨの母親が、少し姿勢を正しながらジュンナに語る。

「実は、カヨの持ち物を整理していたら、大事にしていたペンダントが……」

ジュンナにペンダントを手渡し、「開けてみて」と促《うなが》した。そーっと、ペンダントを開けると、中から紙切れが出てきた。

「今日、来てもらったのは……」

「はい、これ、7年前にカヨと約束を交わした〝誓約書〟なんです。約束したんです……」

「違うのよ。その紙の裏を見て！」

ジュンナは言われるまま、紙を裏返した。するとそこには、筆跡からして最近書かれたであろうメッセージが書かれていた。

ジュンナが頑張っている姿を見られて、嬉しかった。キラキラ輝いてた。

ジュンナならきっと、人の心を動かすミュージシャンになれる。応援してる。

震えるジュンナ。すると母親が突然、謎が解けたと言わんばかりに声を上げた。

「カヨが刈谷に行った、6月14日……その日よ。その日にカヨ、『学校へ行きたい』って言ってくれたのよっ」

全てがつながった。

カヨはデビューを約束した日に、ジュンナに会いに来た。そして輝いていたジュンナに元気をもらって、学校へ行く決心をした。

しかし待ち受けていたのは、周囲の冷たい視線。

(私のせいだ………)

手に持った紙が小刻みに揺れ、ジュンナはその場で泣き崩れた。

◇◇◇

その日から、ジュンナはふさぎ込むように。
路上ライブも文化祭の準備も手に付かなくなった。ベッドに横になるジュンナに、ＬＩＮＥのメッセージが届いた。

＞最近、どうしてるの？　自工程完結で文化祭の準備、うまくいってる？

連絡を絶っていた、圭からのメッセージだ。
（何が自工程完結よ……）

＞しばらく、ほっといて

「ジュンナ……」
彼女の身に何かあったに違いない。しかし圭は詮索《せんさく》せず、静観することにした。

◇◇◇

「お父さん……ジュンナ、あの日以来、元気がなくて」

娘の落ち込みようを見かねた明子が、和之と話し合う。

「無理もない。『死』なんて考えたこともなかったろうし。それも幼なじみが亡くなったとなると、ショックは計りしれないだろうな。時間が解決するしかない」

「長引くかしら、受験もあるから……」

「自分で気持ちを整理して解決するしかない。もう少し様子を見てみよう」

二人に特効薬は見つからなかった。

◇◇◇

突然、小学校時代に時間が巻き戻る。

カヨの机の上には、かきつばたが生けられた花瓶が置かれている。

「道徳の時間です。教科書の45ページを開けてください。今日は、『いじめ』について考えてみたいと思います」

担任の岩下先生が、「いじめは絶対してはいけないよ」と話しかけると、

「カヨが、カヨが……」

先生は、泣きじゃくるジュンナの目をしっかりと見て優しく諭《さと》す。

「悲しんでばかりでは先に進めないよ。カヨちゃんも、それを望んでいないと思う」

ベッドの上で「ハッ！」と目が覚め、体を起こすジュンナ。

「夢かぁ…」

フーっ。息を吐き、しばらく、ボーっとしながら夢をなぞり始めた。

（カヨが、望んでいること……）


『ジュンちゃんならきっと、人の心を動かすミュージシャンになれる。応援してる』


「そうだ！　カヨ、私、頑張る！　ぐじぐじしてないで、前に進まなくちゃ……」

前向きに気持ちが動き出したジュンナが、あることをひらめく。

「カヨのためにも……彼女が亡くなった原因を調べないと」

抜け殻となっていたジュンナの体に、ついにスイッチが入った。


「おはよう！」

久しぶりに聞くジュンナの張りのある声に、思わず台所で振りかえる明子と、グラノーラを飲み込み、むせぶ和之。

「いただきまーす！」

彼女は食欲全開で、その勢いのまま学校へ出かけて行った。

明子と和之は、顔を見合わせ、

「昨日まであんなにふさぎ込んでたのに！　お父さん、何か言ってくれたの？」

「？？？」　和之は、「Ｗｈｙ？」と両手を上げる。

◇◇◇

ジュンナは岩下先生に連絡を取り、相談に乗ってもらうことにした。

岩下先生はジュンナの卒業後、同業の男性教師と結婚。刈谷市北部に一軒家を構えていた。家からほど近くには、刈谷ハイウエイオアシスがある。刈谷ハイウエイオアシスとは、伊勢湾岸自動車道のパーキングエリアであり、高さ約60ｍの観覧車や、デラックストイレでも知られる。２００９年度には年間入場者数が８００万人を超え、あの東京ディズニーリゾートとユニバーサル・スタジオ・ジャパンに次ぐ多さというから驚きだ。

ジュンナは観覧車を目印に自転車を飛ばし、先生の自宅を訪れた。先生は、結婚後は中学に異動となり、精力的に生徒指導などにあたっていた。

「こんにちは」

「ジュンナちゃん、お久しぶり。中に上がって」

ジュンナを家の中に招き入れ、居間に案内した。

棚には生徒と撮った写真や、生徒から贈られた色紙などが飾られている。

その色紙には生徒からの感謝の気持ちがあふれ、先生がいかに慕われていたかがわかる。

「ジュンナちゃん、大きくなったわねー」

お茶を運び入れ、先生もテーブルについた。

「岩下先生、お変わりないですね」

結婚したので苗字は変わったが、ジュンナはつい「岩下先生」と呼んでしまう。先生は笑みで応《こた》えた後、神妙な面持ちになり、

「カヨちゃんが亡くなったと聞いて、もうビックリしちゃって」

テーブルには、小学校当時の卒業アルバムが置いてあった。アルバムをめくると、そこには修学旅行で楽しそうに笑うカヨの姿。

「教え子が亡くなることほど、悲しいことはないわ」

ジュンナは母親の「親にとっては、子どもに先立たれるほど辛いことはないわ」という言葉を思い出す。先生も一生懸命、生徒を育ててくれたんだと思った。

今回訪問する理由は事前に伝えていたこともあり、先生が本題に入った。

「いじめについて、聞きたいって言ってたわね」

ジュンナはカバンからメモを取り出し、取材態勢をとる。

「毎年、自ら命を絶つ小中高生は、およそ３００人。

いじめが疑われるケースは、少なくとも10人は下らないわ。

その一方で原因によらず、不登校になる生徒は年間10万人を超えているのが現状なの」

ジュンナは、言葉を失った。

さらに続けて、

・親へプレゼントにするはずだった手編みのマフラーを首にかけて命を絶った少女
・両親へ感謝の気持ちを遺《のこ》して命を絶った少年

など、実際に起こってしまった悲劇についても話してくれた。

彼らの無念を思い、胸が苦しくなるジュンナ。

「ところで、いじめの原因ってなんだと思う？」

「ストレスとかって聞いたことがあります」

「そうね。そもそも人間には、『自己保存』という本能があるの」

「自己保存？」

「要は『楽をしたい、自分を守りたい』という根源的な欲求のこと。『心の安定』を保とうとする働きとも言えるわ。

だから嫌なことがあってストレスを感じると、それらを発散する行為に及ぶ。それが弱いものに向けられると、いじめにつながるの。

そして『自分もいじめられるかもしれない』と思うと、人はいじめに加担してしまう。

また一方で、学校関係者は学校内でいじめが発覚すると、評価にも関わるから、保身のためにいじめを公《おおやけ》にしないことがあるかもしれない」

「じゃあ、いじめは永久になくならない……」

「でも人間は、本能だけで生きているわけではない。理性を持ち合わせているでしょ？

だからルールや仕組みを作ったり、啓蒙《けいもう》活動などで未然にいじめを防止したり、早期にいじめの芽を摘んだりすることができる。これはいじめに限ったことではなく、社会を秩序よく維持・向上させていくための『人間の知恵』ね」

それを聞いたジュンナは、少し安堵《あんど》の表情を見せた。

「でも自分が教師だからではないけど、いじめの問題を学校関係者だけに押し付けてはいけないと思うの。大多数の教師は授業に学校行事、部活の顧問など一人ひとりの生徒と向き合い、大変な重責を担っている。ひとたびいじめが疑われると、アンケートや生徒へ聞き込みを行い、わかったことの裏を慎重に取っていく。被害者や加害者宅へも訪問する。教師同士の打ち合わせも連日、夜遅くまで及ぶわ」

「先生って本当に大変なんですね」

「ジュンナちゃんたちも、手が掛かったんだから（笑）」

「さらに最近は、スマホを使った『ネットいじめ』も増えてきた。いじめの問題を、教育現場だけで改善させるのは難しいわ。家庭や学校、さらには児童相談所や警察など、地域が連携しながら解決する必要がある。ネットに対する規制やパトロール強化。専門家や相談窓口の充実。教師が働きやすい職場環境の整備。さらにはフリースクールなどの学校以外の受け皿の拡充。やるべきことが山積みなのよ」

ジュンナは両手を組み、大きく息を吐いた。その顔は、使命感に燃えたぎっていた。二度と同じような悲劇を繰り返してはいけない。その思いを強くした。

「先生、ありがとうございました」

「参考になったかしら？」

「いろいろなお話が聞けて、大変参考になりました」

「わからないことがあったら、いつでも連絡してね。無理しないでね」

その性格を熟知する岩下先生は、なぜジュンナがいじめについて聞きにきたか、察しがついていた。

ジュンナはその後、いじめ問題をさらに深く理解するために、図書館などにも通って本を読みふけった。だがその代償として文化祭の準備は、他の文実メンバーに任せきりになっていた。

7 闘争 ―― 天賦の才が覚醒する

「カヨ、待っててね。真実を明らかにするから」

遂に行動に打って出る時が来た。

「で、どうしたらいいんだろう？」

ふと頭に浮かぶ、あの言葉。

「やっぱり、自工程完結……か」

時間はかからなかった。ジュンナは、真相究明を自工程完結で進めることを決意。

まさに自分の力が試される絶好のチャンスでもあった。

「圭の力は借りない。これは、カヨと私二人だけの問題だから」

「まずは『目的』『目標』を明らかにしなくちゃ。

目的は言うまでもなく、『命を絶った原因を突き止める』で決まりね」

まさにこの瞬間。ジュンナはスポーツ選手にまれに見られる、極限の集中状態で最高のプレーができる『ゾーン』に突入していた。それも『ハイパーゾーン』という、神の啓示が降りてくる究極の脳の状態に。

「目的には顧客の期待値、つまり『お客様にどうなって欲しいか』を入れる。
　やることが目的にならないように！」

「『顧客の期待値』って言われても……カヨのためなんだよ。
………………ん？　圭⁉」

ジュンナは自分の部屋を見回すが、誰の姿も形も見えない。

「圭の声が聞こえてきたような……」

不思議な体験だった。

「まっ、いいか。原因を突き止める目的は、『カヨの無念を晴らす』。

その先には、カヨの死に報《むく》いる……だから、

目的：『カヨの死に報い、二度と同じような悲劇を繰り返させない』

次に目標は、『いじめがあったことを突き止める』……」

「目標には期限と、到達レベル『いつまでに、どのレベルまで』を入れる」

そこでジュンナはようやく気づいた。集中すると、自分を客観的に見えている不思議な状態になるようだ。

そうなると、圭が教えてくれたかのような『啓示』が降りてくることを。

「到達レベルって何だ？　んー、まぁー、『亡くなった原因の確からしさ』かなぁ……」

「『んー、まぁー？』　ザキヤマか⁉」

山崎先生の授業が思い起こされた。スティーブ・ジョブズの授業の一コマである。

◇◇◇

"Someday you'll most certainly be right."（その通りになる）

「はい、この"certainly《サートゥンリ》"は『確かに』っていう意味で、１００％の確からしさの時に使うぞ。確からしさを表す『多分』という単語には、他に、perhapsやmaybe（50～30％）などがあるが、『君なら合格するよ』と言いたい時に、Maybe you'll pass the exam. では、励ましにはならないこともあるから気をつけるように。クックックッ」

―ザキヤマ先生、イイこと言ってるじゃん。

それはさておき、つまり到達レベルは、『いじめがあったか否か』ではなく、『いじめが原因で命を絶った』と、その因果関係が認められるレベルで明らかにするってことね。そして、期限を、『夏休みに入る前の2週間以内』と設定すれば

◇◇◇

目標：『いじめが原因で命を絶ったと言える、具体的な証拠をつかむ。
期限：２０１３年７月19日（金）までに」

目標を明らかにしたところで、ジュンナの顔色が険しくなった。

「しかし、自分に何ができるんだろう？　んーー。学校の内部資料を手に入れる……」

ジュンナは、自分がねずみ小僧のように手ぬぐいを鼻の下で結び、夜の学校に忍び込み、金庫から証拠となる資料を盗みだす様《さま》をイメージしたが、

「んなこと、できるわけないし……」早くも暗礁に乗り上げた。

◇◇◇

「そっかぁ！」

家のトイレ便座に座って打開策を考えていたジュンナは、突然声を上げた。

「生徒から直接、証言や証拠を得るんだ！　学校裏サイトを調べるのも手！」

彼女はトイレを飛び出して、机に向かう。

「最終的なアウトプットは、いじめが原因で命を絶ったと認められる具体的な証言や証拠を集めた、『報告書』！」

「グッ・ジョーブ！」

「えっ!?　もはや啓示でなく、会話になってるんですけど……。まさにエア圭ね（笑）」

こうして啓示を受けながら、ジュンナは自工程完結でいじめの真相究明を進めていった。

「報告先は、教育委員会になるのかな……？　ここは、岩下先生に相談してみよっ」

◇◇◇

2013年7月8日

いよいよ聞き取りの日がやって来た。

いじめの舞台となった統武《とうぶ》高校は男女共学でスポーツに力を入れている。学校は在来線の最寄りの駅から、アーケードの商店街を抜けた500mほど先にある。校門をくぐるとロータリーが待ち構え、その奥に校舎が建つ。

右手には体育館、左手には広大なグラウンドが広がり、「ヨーーイ」「オーーーーイ」と野球部員らの威勢のいい掛け声がグランドに響き渡る。ジュンナの作戦は、学校の校門前で部活帰りの生徒を待ち伏せして聞き出すことである。

「すみません」

仲良くおしゃべりをしながら歩いてきた、二人組の女子生徒が第1号となった。

「ちょっと伺いますが、先日、亡くなった生徒の件で……」

「あ、急いでいるので」

そそくさと通り過ぎ、あっけなく撃沈《げきちん》。

「まっ、最初はこんなもんか」

気を取り直し、次なるターゲットを待った。するとメガネをかけた、少し山崎先生に似た男子がうつむきながら歩いてくる。

「少し、いいですか？」

「な、何ですか？」

不意を突かれ、ひるむザキヤマ君。ここぞとばかり、たたみかける。

「この前亡くなった生徒について……」

「何も話すことはないです」

ボソッとつぶやき、スーっとその場からフェードアウト。でも彼は、応《こた》えてくれるだけマシだった。中には「何なの？」と言わんばかりに白い目でこちらを見たり、目も合わせずに無言でスルーする者も。挙句《あげく》の果てには、通り過ぎてから聞こえるように「ウザッ」と吐き捨てたり、

「何あの子？　ウけるんだけど」と言いながら、冷ややかにあざ笑う者もいた。

経験をしたことのない仕打ちが針のように、ジュンナの心に突き刺さった。

1日目は、何も成果がないまま終わりを告げた。しかし2日目も、3日目も同様であった。

「あー、誰も相手にしてくれなーい」

ジュンナは居間のソファーにもたれかかり、うなだれた。

「どうしたら話してくれるんだろう？」

髪を掻《か》きむしっていると、ふとテレビから何気ないトークが耳に飛び込んできた。


ドイツの生物学者ユクスキュルが提唱した生物学の概念に、「環世界《かんせかい》」というものがあります。

環世界とは『生物から見た世界』という意味で、『動物はそれぞれ固有の知覚世界を持って行動している』という考え方です。

例えば人間は、ナマケモノを見ると「なんて行動が遅いのか」と思います。しかしナマケモノにしてみれば、「遅い」という感覚は持ち合わせていないはずです。

環世界を考えることは、人の理解を深めることでもあります。自分の基準ではなく、相手の基準で見る。

相手はどんなことを考えているのか？　どんな価値観を持っているか？　何に興味を持っているのか？　と……

なにげなく聞いていたジュンナだったが、目を見開いてソファーから飛び起きた。

「これだ！　相手の基準で、コミュニケーションを取っていくんだぁ！」

早速ジュンナは相手を知るために、統武高校に関する**情報**や、聞き出す**能力**（インタビューの極意）などをネットなどから仕入れて頭にたたき込んだ。自工程完結で言うところの、**『必要なもの』**を備えておく大切さに気づいたのだ。


翌日。リベンジに燃えるジュンナが校門に立っていた。

右手から、背丈が190㎝はあろう、速水もこみち似のイケメンを含む4～5人の集団が歩いてきた。バスケ部のようだ。まるでゾーンディフェンスを敷いているかのように迫ってくる。ジュンナは気持ちを奮い立たせ、カットインを仕掛ける。

「バスケ部ですか？　インターハイに出場されるんですね？」

「まぁ、はい」

ジュンナと最も目線が合う一人が、目を輝かせて答えた。チャンス到来である。

「すごいですね！　ライバルは名成高校ですよね？」

「よく知ってますね」

「バスケは好きで……『スラムダンク』にハマってました」

「あれ、面白いよねー」

「私、監督が言った、『最後まで希望をすてちゃいかん。あきらめたらそこで試合終了だよ』っていうセリフが好きで……」

「名ゼリフだよね　俺らもあの言葉のおかげで、県大会で優勝できたようなもんだよ！」

もこみち風も、目を輝かせて割り込んできた。ここで、ジュンナがギアチェンジ。

「話は変わるんですが、最近……」

「悪いけど、亡くなった生徒のことなら、答えられないよ」

完全に見透かされていた。

「これは、命の問題なんです！　何でもいいんです！

何があったのか、なぜ、命を絶たなければならなかったのか、知りたいんです！」

しかしジュンナの願いも通じず、もこみち軍団にアリーウープ（空中で受けたパスをそのままダンクシュート）を決められた感じで去られてしまった。

まるで彼らは、口裏合わせをしているかのようだ。

しかしジュンナは、それくらいでは落ち込まない。逆に聞きだす力など、『必要なもの』に手ごたえを感じていた。

◇◇◇

その姿を校舎二階の校長室から、窓越しに眺めている二人の人物が。

「あの件をしつこく聞きまわっている生徒がおりますぅ」

教頭が校長に話しかけた。校長は、タカのように目つきがするどい男。教頭はハエが手をこすり合わせるように、校長のご機嫌を取るしもべのような男であった。

「心配するな、生徒には全校集会でかん口令《こうれい》を敷いた」

「そうでしたねぇ、さすが校長先生でございますぅ」

◇◇◇

学校は、すでに先手を打っていた。

「何、なに？」「あの話かぁ？」

生徒が体育館に集められ、緊急の全校集会が開かれた。壇上に校長が上がる。

「生徒諸君、先日、我が校の生徒が亡くなるという痛ましい事故が起きました。亡くなった石川佳代さんのご冥福をお祈りしたいと思います」

体育館には真夏日にもかかわらず、ひんやりとした空気が流れている。黙とうの後、校長は生徒の顔色を確かめるように見渡し、一呼吸を置いて話を続ける。

「本件に関しては、アンケートを実施しましたが、特に変わったこともなく、その旨を教育委員会へも報告しました。一方で、ありもしない疑いを一部では掛けられていると聞きます。


私は疑念から、我が生徒を守らなければならない。我が校は、数々のインターハイ出場実績を誇るスポーツ名門校である。

疑念を抱かれて、部活の自粛《じしゅく》や大会への出場停止などに発展すれば、悲しむのは君たち生徒だ。本件に関しては何か聞かれても、何も答えないように」

いつもは「人生は短い。時間を大切にしよう！」と言いながらムダに長話をする校長だが、今日は短く話を終えた。

◇◇◇

「今日も、聞き込んでおりますぅ」

「かれこれ一週間になるか。なかなかしつこい生徒だ」

変わらず校門前で聞き込みを続けるジュンナを、校長と教頭が二階から見下ろしている。

校長室のソファーには、関取のように恰幅《かっぷく》のいい男が腰掛けていた。

「頼みますよ、校長先生。あなたが、いじめは無かったと報告したんだから……」

悪代官よろしく暗に「何かあっても責任の全ては学校にある」と言わんばかりに予防線を張るこの男こそ、教育委員会の教育長であった。教育長の言葉を受けた校長は、即座に教頭に指示を出した。

「今すぐ、迷惑行為は辞めるように注意してきてくれ」

「かしこまりました！」

手をすりすり、教頭が校門に飛んでいった。


「君、どこの生徒ですぅ？」

「刈谷女子高校です」

隣《となり》の県ではあったが、優秀な学校の生徒であることは、教頭もすぐにピンと来た。

「君の名は？　何ですぅ？」

ジュンナが名前を答えた後も、彼はネチネチと追及の手を緩《ゆる》めない。

「何をしているのですぅ？」

「この前、亡くなった生徒について聞いています」

「勝手なマネをしてもらっては困りますぅ。うちの生徒にも迷惑ですぅ。早く帰るんですうっ！」

ハエを払うかのように手のひらで追い払う仕草を見せる。

ジュンナは、聞き込みをする後ろめたさはあったものの、やすやすと「はい、そうですか」と引き下がるわけにはいかない。

「カヨは、いじめが原因で自ら命を絶ったんです！」

「そんな、根も葉もないことを言ってもらっては困りますぅ！　生徒へ実施したアンケートでも、いじめがあったという事実は認められなかったんですぅ！」

◇◇◇

それでもジュンナは翌日も校門に立ち続けた。

今度は頼りない教頭に見切りをつけた校長が、窓際から校門にいる獲物に襲いかかる。

「やめなさい！　苦情が出ている！　迷惑千万だ！」

「カヨはいじめにあっていたんです！」

「そんな言いがかりを言われても困る！

我が校は全国にも名が知れたスポーツ名門校だ！　生徒にも悪影響が出かねない！」

「命より、学校の名声や部活を優先するんですか⁉」

「しつこいね、君は！　早く帰りたまえ！」

睨《にら》まれたジュンナは、ビクっとのけぞりながらも
「いじめを認めてくれなきゃ、カヨは浮かばれません！　ご両親だって、どれだけ苦しんでいるか……」

食い下がるジュンナに対して校長は、権力をたてに言い放った。

「君も進学を考えているんだろ？　こんなことをしたら成績や評価にも響くよ⁉

名誉棄損で訴えることもできるんだから……」

◇◇◇

2013年7月19日、夏休み前日。遂にいじめ調査の期限である最終日を迎えた。

「今日でダメなら、もうムリか……」

ジュンナは肉体的にも、精神的にも追い込まれていた。

彼女の気持ちを代弁するかのように、急にどんよりとした天気に変わっていた。聞き込む生徒は、すでに声掛けした生徒ばかり。露骨《ろこつ》にジュンナを避けて通る。

案の定、小雨がパラついてきた。闇の訪れと共に、タイムリミットが迫る。

「お願いします。亡くなったカヨの死に報いるためにも、真実を明らかにしたいんで

す！」

「まだ、やってるぜ」

「キモっ」

彼女に追い打ちをかけるかのように、集団で下校する男子生徒の一人が、「邪魔なんだよ」と言いながら、傍《かたわ》らに置いてあったジュンナのカバンを蹴り上げた。

スローモーションを見ているかのように、カバンに付けられたペンダントの一部が欠けて飛び散る。

アハハハ……！

遠のく笑い声とともに、それを悲しい目で追いかける。ジュンナはしゃがみ込み、破片を拾って両手で握りしめる。悔しさと悲しみとが入り混じった感情が顔をゆがめた。

次第に雨足が強くなり、傘を持ち合わせていないジュンナの心に容赦なく突き刺さる。

「もう、だめ……」

さすがに心が折れそうになった。女子高生がひとりで学校という巨大組織に立ち向かうなんて、やはり無理なのかもしれない。

遂に、試合終了の笛が鳴り響いた。だがその時。

パシャ、パシャ……、チャパ、チャパ、チャパ、……閃光《せんこう》と同時に、覆いかぶさる黒い影。

「あきらめたらそこで、試合終了だよ」

なんと、あの「もこみち軍団」が傘を差し出してくれているではないか。さらに、これまで声掛けをした生徒たちが次々と集まってきた。

「ごめんなさい、言えなくて。亡くなった彼女、無視されたり、『ウザイ』とか『キモイ』とか、ひどい悪口を言われてたの」

「私、見たんです。教科書を隠したりするところを」

ザキヤマ君までも、ボソっと割り込んできた。

「中学の時から、いやがらせが続いてるって」

モコミチ軍団も黙ってはいない。

「学校祭で露骨《ろこつ》に仲間はずれにされているのを見かけたよ」

「ＬＩＮＥで仲間に悪口を送ってたらしいぜ」

「陰で泣いてた。アンケートにも書いたんだけど……」

まさに、バスケで試合終了のブザーが鳴るのと同時に放たれて決まるシュート「ブザービーター」が決まった瞬間であった。ジュンナの頬《ほお》を、雨に交じった涙が流れ落ちる。

（カヨ……苦しかったんだね）

あきらめず聞き続けたこと、その彼女の「本気」が統武高校の生徒を動かした。

「みんな……ありがとう」

消え入るような声は雨に消されていたが、勇気を持って心を開いてくれたみんなに気持ちは伝わっていた。


ジュンナは、打ち明けてくれた声に後押しされ、ビショビショに濡れた格好のまま校長室へ急いだ。ノックした扉が開かれると、制服から滴《しずく》を飛ばしながら室内に駆け込む。

濡れネズミのような姿とは裏腹に、眼差しはリベンジに燃えていた。

「刈谷女子高校の細江です。生徒が……、ここの生徒が、いじめがあったことを打ち明けてくれました」

「何をばかなことを、言葉には気をつけなさい！　担任もいじめはなかったと言ってるし、全校生徒へ実施したアンケートでも、いじめは認められなかったんだ！」

「なら、そのアンケートを見せてください！」

「君に見せる義務などない！　無礼だ！　帰りなさい！」

教頭が追い払おうとしても、ジュンナはその場を動こうとしない。すると、校長がまさかのジョーカーを切った。

「彼女は、成績や進路に悩んでいたとも聞いている」

なんと、この期に及んで亡くなった原因を成績など本人の問題に押しやり、責任を逃れようとしている。

そんな学校に強い憤りを感じたジュンナは、つい声を荒げた。

「いじめは、あったんです！」

「そういうのを証言ではなく、狂言って言うんだよ」

ハエ教頭は、「うまいっ！」と言わんばかりに手を合わせる。

「君の狂言がたとえ事実だとしても、いじめがあったことを裏付ける証拠はない！　遺書も残ってないんだろ!?　いじめが原因だなんて、断定できないんだよ！」

「どうですぅ？」

勝負あったと言わんばかりに教頭は、ジュンナを無理やり部屋から追い出した。

◇　◇　◇

いじめが社会問題化している昨今。

特に命に関わる事案については学校側は、いじめがなかったかどうか追及にさらされる。

「やっかいなことをしてくれたもんだ。最近、マスコミからも取材依頼が来ているし……。騒ぎになる前に、にぎり潰《つぶ》しておく必要がある」

ソファーに座っていた教育長が、暗に対応を迫った。

「はい、なんとかします」

校長は即座に刈谷女子高校に電話して、ジュンナの迷惑行為をやめさせるよう申し入れる。彼女は母親とともに、学校から呼び出されることになった。

◇◇◇

「こちらにお座りください」

山崎は母親とジュンナを手招きし、単刀直入に切り出す。

「今日、お越しいただいた件ですが……」

母親から謝罪の言葉を待つかのように、間を置く山崎。

「何のことでしょう？　成績のことですか？」

謝罪から始まると思い込んでいた山崎は、出鼻をくじかれる形に。明子は全く事態を把握していなかった。髪を掻《か》きむしりながら、先方の高校からの苦情を説明すると、

「そんなことしてたの？」

明子には、まさに寝耳に水であった。うつむいていたジュンナがコクリと頷く。

「だってカヨ、いじめのせいで命を絶ったんだよ⁉　それを認めないなんて、ひどい！」

山崎は感情が渦巻く場は苦手である。困惑した表情を浮かべ、指で机をたたき始めた。

コン、コン、コン……

不思議なことに、この調べが三人の心を静めていく。そして心が落ち着いた頃合いに、
山崎が「そもそも論」を切り出す。

「そもそもなぜ、他校にまで行って、そんなことを……？」

そこはジュンナに代わり、娘の心情を思いやって明子が答える。

「幼なじみで親友だったたんです」

「幼なじみだったんですか⁉　気持ちはわかりますが……」

ジュンナは涙目で食い下がる。

「先日、小学校の恩師からも、いじめのひどい実態を教わりました。ご遺族も苦しんでいます。変えなきゃいけないんです。変わらなきゃいけないんです。真実を明らかにすることが、悪いことですか⁉」

「でも先方の学校からは、迷惑だと言われてるんだ。生徒へのアンケートでもいじめの事

実は認められず、教育委員会へも報告済だと。それを、蒸し返すってのは……」

「いじめがあったことを、何人かの生徒が打ち明けてくれたんです！」

ジュンナはカバンから、いじめの証言を記《しる》した「調書」を差し出した。事件の爪痕《つめあと》を残す、欠けたペンダントが揺れ動く。

山崎は調書を手元に引き寄せ、指をコンコンとたたきながら目を通し始める。次第に机を叩く間隔が竹筒の「ししおどし」くらいになり、その内容に山崎の顔が曇る。調書から目を放したその時だった。

今度は明子のほうが、堪《こら》えていた気持ちを爆発させる。

「先生！」

リズムを奏《かな》でていた山崎の指がピクッと止まる。

「娘は間違ったことはしていません！　尊い命が奪われているのに『蒸し返す』とか、そんな問題ではないと思うんです！」

教室の空気がピーンと張り詰める。

明子は間を置き、一転、言葉を選ぶようにゆったりとした口調で、

「先生には、お子さんがいらっしゃいますか？」

「息子が一人います」

「もし息子さんがいじめを苦に命を絶って、それが認められなかったら、どうですか？」

「そ、それは……断じて許せません。真実を知りたいです」

「そういうことなんです。いかに親身になって寄り添えるかが、問われているんです。命より大切なものはありません。先生、娘を助けてやってください」

明子は、山崎先生に深々と頭を下げた。ジュンナは、母がそこまでしてくれるとは思わなかった。でもその母の言葉が、今後のジュンナの心の舵《かじ》を大きく切ることになる。

そう、スティーブ・ジョブズの言葉のように。

あなた方の心と直感は、自分が本当は何をしたいのかもう知っている
（by　スティーブ・ジョブズ）

◇◇◇

ジュンナは聞き取った「調書」を報告書としてまとめ、いよいよ最後の詰めである「報告」のプロセスに入った。

岩下先生からは事前に、「役所に教育委員会の窓口があるから、まずそこに相談してみると良いでしょう」とアドバイスを受けていた。

ジュンナは早速、市役所のホームページに記載されている相談窓口に問い合せをする。

「はい、学校教育課です」

「教育委員会に相談したいことがあるんですが」

「どういった件ですか？」

「いじめに関することなんですが」

「生徒さんですか？　まずは、学校に相談してみてください」

統武高校の校長や教頭の顔が浮かび、顔が一瞬にしてこわばる。学校が相談に乗ってくれるはずなどない。もはや、教育委員会へ直談判《じかだんぱん》するしかない。

開催される日程を調べ、教育委員会に乗り込むことを決意した。

◇◇◇

2013年7月某日。教育員会開催の日。委員会は市役所5階の507会議室で開催される。

「えーと、507会議室は――と？　ここだ！」

学生服姿のジュンナにとっては、場違いなところに来た感がハンパない。開催30分前。まだ誰一人おらず、シーンと静けさだけが漂う。

ほどなくして、職員らしき人が会議の準備に現れた。

「すみません。ここで、教育委員会が開催されますよね？」

「はい。何かご用ですか？」

職員は、女子高生がいることに少し驚いた様子を見せた。教育長に会いたい旨を告げると、話を聞いてもらえるかわからないが、しばらく待つようにと教えてくれた。

緊張した面持ちで、会議室前の通路で待つジュンナ。エレベータの扉が開く。

「最近のモンスターペアレントは、たまったもんじゃない。担任を変えて欲しいとか、ウチの子を主役にして欲しいとか。ほんとうにモンペは」

ひときわ大きな声で談笑しながら、クマのような大男が歩いてきた。すると、先ほどの職員が「あの人が教育長だよ」と指で教えてくれた。

教育長がジュンナの顔を捉える。一瞬、笑みが消えた。ジュンナは、教育長が放つ威圧的なオーラに体がこわばる。

「す、すいません。教育長さん？」

無言でジュンナを見下ろす教育長。

「刈谷女子高の細江といいます。先月、統武高校の生徒が亡くなった件で、お願いしたいことがあります」

おそるおそる報告書を差し出す。周囲の委員たちは、突然のことで驚きを隠せない。

「あー、あの件は、すでに解決済だ」

教育長は素っ気なく言い放つと、ジュンナが手にする報告書に目を落とす。

「これは、君が作成したのか？」

「はい、私が作りました」

教育長の危機察知能力はハンパない。他の委員に報告書が渡ってはまずいと、咄嗟《とっさ》に知恵が働いた。

「一応、預かっておく」

彼は報告書を奪い取るように受け取り、会議室へと入っていった。

（あー、緊張した。これで教育委員会は動いてくれる……）

いじめの調査を決意してからのいろんなことが、精神的な疲労の波となって覆《おお》いかぶさり、ジュンナは全身の力が抜けてしまった。

◇◇◇

しかし1か月経《た》っても、教育委員会が再調査に乗り出すことはなかった。

ジュンナは心配になり、再び教育委員会に出向いて状況を聞くことにした。

エレベータの扉が開く。

先日の登場シーンを完コピしたかのように、談笑しながら教育長が現れた。

「給食費をろくに払わない親には、本当に困ったもんだ。ガハハ」

笑いの最中、通路で待ち構えるジュンナを視界に捉えると、教育長の眉がぴくっと動く。しかし彼はそのまま無言で通り過ぎようとする。そこでジュンナが強引に食らいつく。

「教育長さん！　統武高校の生徒が亡くなった件ですが、その後の状況はいかがですか？」

教育長は、何のことだと言わんばかりに首をひねった後、

「あー、あの件は片づいた。成績など本人が悩んでいたと聞いている。将来を悲観してしまったんだろうなあ」

学校側と同じ理屈で一蹴《いっしゅう》されるとは。ジュンナは動揺を隠せない。

「原因が別にあるなんて、責任逃れのこじつけです！

報告書にあるように、いじめはあったんです！」

「言葉には気をつけなさい！　学校にも、いじめたと疑われた生徒にも迷惑が掛かることなんだ！」

（「迷惑」……。　私は悪いことしてるの……？）

するとこの時、ジュンナの心に育《はぐく》まれた、『あの考え方』が咄嗟《とっさ》に口に出る。

「教育長さん、『自工程完結』をご存知ですか？」

「何だね、それは？」

「自ら責任を持って、一つひとつの手順を『これで良し』と進める。

相手の立場になって、親身になる、寄り添うことの大切さを教えてくれる考え方です」

「それがどうしたのかね？」

「ご遺族や、生徒の話に耳を傾けて欲しいんです。会議室での報告だけではなく」

「私が相手の立場も考えず、聞き伝えだけで判断しているとでも？」

「尊い命が奪われたんです」

「それは痛ましいことだ。ただしこの件は、あえて公にはしていないが、本人自身に原因があったようだし、そもそもすでに解決したことなんだ」

まるで、学校側と口裏合わせをしているかのような答弁。

「ご遺族は納得されているんですか？」

「調査は済んでいる」

会話が噛み合わない相手に、ジュンナは必死に訴える。

「もう一度、調査してもらえませんか？

一人ひとりが『自工程完結』を行えば、世の中は良い方向へ変わるんです！」

「説教される筋合いはない！　いじめなどなかったんだ！　どきなさい！」

教育長はジュンナを突っぱねて、会議室に姿を消した。会議室の中からは、委員たちの雑談が漏れ聞こえてくる。

「最近は親だけじゃなく、生徒までもモンスターですね」

「大変な世の中だ」

「笑ってられんよ、ガハハハ」

◇◇◇

委員会が終わると、教育長は市役所から車を出して帰宅の途についた。ハンドルを握る彼から、女子高生の眼差しが頭から離れない。

「『自工程完結』をご存知ですか？」

「相手の立場になって、親身になる、寄り添うことの大切さを教えてくれる考え方です」

「あー、しゃらくさい！　私に説教するのは１００年早いわ」

しかしあの『調査報告書』は、高校生が作ったとは思えないほど良く出来ていた。

そして、学校や教育委員会に一人で乗り込んできた『行動力』。

教育長の潜在意識の中にモンスターのような恐ろしさが刻まれていった。

「おかえりなさい」

家の中に入ると、ダイニングでコーヒーを淹《い》れていた息子が迎え入れた。

「久しぶりだな、帰ってたのか？」

「何かあったの？」

父親の疲れた姿を見た息子が、心配そうに尋ねてくる。教育長はカバンを下ろし、ネクタイの結び目をはずしながら、

「女子高生がうるさいんだよ。『いじめがあった』とか言って、食ってかかってきて」

「父さんに食ってかかるなんて、度胸ある女子高生だね」

「『じこうてい』が、なんちゃらって……最近の若者言葉はわからん」

「えっ……今、何て言った？」

「『じこうてい』とか、『かんこつ』とか」

息子の脳に電撃が走った。

「もしかして……『自工程完結』？」

「おぅ、そんな感じ。お前も、結構ナウイ（今どきの）言葉知っとる」

『自工程完結』という言葉を、正面切って口にする女子高生。

（そんなの……ジュンナしかいない）

教育長の息子とは、圭であった。

「この前亡くなった統武高校の生徒のこと、いじめが原因だとか言い張って。

片付いた件を掘り返して……たまったもんじゃない」

圭は、ジュンナが連絡を絶っていた理由がなんとなくわかった気がした。と同時に、言い知れない胸騒ぎを覚えた。

◇◇◇

文化祭はプログラムも決まり、夏休みに入って本格的に展示物などの製作が始まった。
そんな中、ジュンナは補習が終わると
「ごめん、用事があるから」
と言い残し、速攻で帰宅するばかり。
あやみーてぃんぐで連絡を取り合うも、一人だけ既読スルー。
初めのうちは文実メンバーからは

「ジュンナ、どうしちゃったの？」「家庭で何かあったんじゃ？」
と心配する声や憶測が飛び交ったが、次第に
「こんな忙しい時に……」
と、その身勝手さに不信感を抱き始めるようになった。

見かねたサクラは理由を聞き出そうと、ジュンナと教室で二人きりになる。

「どうしたのよ？　何かあったの？」

「ごめん」

「みんな、心配してるし」

「……」

しばらく沈黙が続いた後、ジュンナは観念したかのように重い口を開く。

「サクラ、誰にも言わないって約束してくれる？」

「なになに？　約束するから」

声のトーンからして、ただならぬことだと察するサクラ。

「実は、幼なじみが亡くなったの。いじめが原因で自ら命を絶ったの」

予想だにしない答えにサクラは固まった。

「いじめがあったのに、それが認めてもらえないんだ。幼なじみの無念を晴らしたいの。いじめがあったことを明らかにしたい。いじめを認めてもらうために、学校や教育委員会へ出かけてるの」

「……そうだったの」

ジュンナの苦悩を前にして、力になりたいという感情がサクラに湧《わ》きあがる。

「一人で悩まないで、みんなに打ち明けてくれればいいのに。力になれるかもしれないし」

「ダメ。これは私と、幼なじみの二人だけの問題。

私、二人で誓った約束を果たせなかった。私が彼女を死に追いやったようなものなの」

自分を責め、苦しそうなジュンナ。彼女の胸の内に触れたサクラは、これ以上は立ち入るべきではないと感じた。

「わかった、約束する。ジュンナの穴は私が埋める！」

自信ありげに胸に手を押し当てるサクラ。

ただ内心は、ジュンナの代役など務まるはずもないことは百も承知だ。ジュンナを気遣った、精一杯の後押しであった。

◇◇◇

刈谷中央高校　第81期　同窓会。

会場は、刈谷駅の北口にほど近い刈谷プレザホテルの大広間。

円卓テーブルがいくつも配置され、リチャード・クレイダーマン「渚《なぎさ》のアデリーヌ」など優しいピアノの調べと、エスニック料理などの香りが優雅にシンクロしている。会場のあちらこちらでは、「久しぶりぃ」から始まる会話に花が咲いている。

山崎は久しぶりに、この同窓会に出席した。その理由は、初恋の人が出席するという噂を嗅《か》ぎつけたから。

「おー。山崎じゃないか。お前、相変わらずだな」

声をかけられた当人は、かけてきたのが誰だかわからない。

それを察知したのか、「黒田だよ」と自白を余儀なくされる。

「黒田ぁ？　んーまぁー、変わり果てたなぁ」

「果てたはないだろう（笑）」

山崎は久々に会う級友を懐かしく思いながらも、心は初恋の相手を探していた。

どうやら、まだ、会場には到着していない……はず。変わり果てていなければ。

「それでは、刈谷中央高校　第81期の同窓会を開宴します」

壇上で、幹事役の司会者が開会を宣言する。乾杯の音頭から、食事と歓談に。すると一人の女性が、山崎に近づいてきた。

「山崎君、先生やってるって聞いたけど？」

「あっ、えっ……い、岩下さん！　そ、そうなんです、高校の教師やってます……」

しどろもどろの山崎。話しかけて来たこの女性こそ初恋の相手だった。

お互いアラフォーになったが、山崎にとっては彼女はいつまでもマドンナだ。

「岩下さん……あ、今は名字が変わったのかな？」

「新藤です。今は、新藤かずみ」

「確か、小学校の先生をやってると？」

「中学校に異動になったの。山崎君は、相変わらず山崎君ね」

山崎は会う人ごとに似たようなことを言われ、どう反応してよいか戸惑っていたが、とにもかくにも初恋のマドンナとお喋りができた。その嬉しさを噛《か》みしめていた。

「どんな感じ、高校は？」

山崎は、生徒の興味を引くように英語の授業を工夫し、生徒からもウケていると自慢げに話した後、生徒指導に関して最近の悩みを打ち明けた。

「実はうちの学校の生徒が、ちょっと、やっかいなことに首を突っ込んでいて」

「やっかいなこと？　山崎君が悩むなんて相当なことね」

「こう見えてもナイーブなんだから」

「それは失礼しました（笑）」

「冗談はさておき……いじめの問題で、ちょっとあってね」

岩下先生から笑顔が消える。

「最近、いじめも陰湿《いんしつ》になってきたし、命に関わる事件も起きてるからね……。山崎君って、どこの学校で教えてるの？」

「刈谷女子高」

「刈女!?　まさか……」

岩下先生が、ある教え子の名前を叫んだ。

「その生徒って、細江純奈!?」

「えっ！」彼女に的中されて、山崎も驚く。

「そう言えば、小学校の恩師に、いじめについて教えてもらったと言っていたなあ……」

点と点が結ばれた瞬間であった。

「まさか山崎君が、ジュンちゃんの担任だなんて」

「『幼なじみが亡くなったのは、いじめが原因だ』って。それで、幼なじみが通っていた学校に乗り込んだもんだから、先方の学校から苦情が入って」

「彼女らしいわ」

「あんまり波風立てて欲しくないんだけど……」

山崎の何気ない一言が、岩下先生の怒りに火をつけた。

「何を言っているのよ！」

酔いもあいまってか、彼女は珍しく声を荒げた。

「いじめの問題は近年、社会問題になっているでしょ？

毎年、何人もの尊い命が亡くなっている。

彼女みたいな志を持った人が、社会を変えるのよ。彼女を応援してあげて！　お願い!!」

山崎は、『一喝されてからのお願い』の流れにデジャブを覚えた。

（ジュンナって……ひょっとして、ジョブズかあ!?）

自分が世界を変えられると本気で信じている人こそ、本当に世界を変えている
（by　スティーブ・ジョブズ）

◇◇◇

そんなジュンナは、直訴《じきそ》しても聞き入れてくれない教育委員会の対応に焦《あせ》りを感じ始めていた。残された時間はあまりない。

それでもシャワーを浴び、湯船につかっていると、久しぶりにリラックスできた気がする。

「あー、気持ちいい……この入浴剤、癒されるぅ」

しかしリラックスしたのも束《つか》の間《ま》、彼女は一転して真顔に。

「教育委員会を動かす、いい手はないかなぁ……」

まじまじと手を見つめながら目を閉じる。次第にバスルームに湯けむりが立ち込めた。

ジュンナが瞑想《めいそう》状態に入ると、所かまわずアイツが降りてきた。

「そもそも何のためのいじめ調査だ？　自分の強みを活かせ！」

「ぎゃぁー、エロおやじー！」

風呂場からの悲鳴に、明子が心配して脱衣場に駆けつけた。

「ジュンナ、何かあったの？」

「あー、いや、発声練習していただけだから」

「なら、いいんだけど」

首をひねり、訝《いぶか》しがる明子。

「油断もスキもあったもんじゃないわ。エア圭ならぬ、エロ圭ね！」

下ネタが炸裂した後は、急に真顔になり、

「そもそもって、いじめがあったことを突き止めて、カヨの死に報いる、無念を晴らすこと。で、私の『強み』は……元気？」

今度は湯けむりにのって、微《かす》かに女性らしき声が聞こえてくる。


「ジュンちゃんには、天賦の才があるわ。歌を通じて人の心を動かして！」


「カヨ？　カヨ!?　そっか!!!」

ザパァ——

風呂のお湯をまといながら、勢いよく湯船から立ち上がる。

「路上ライブだ！　私には歌しかない！　カヨを追悼する路上ライブ。それは、カヨとの約束を果たす場でもあるんだ！」

ジュンナは、探し求めていた宝物を発見した時のような興奮に包まれた。だが二度目の絶叫にはさすがに、びっくりした母が飛んできた。

「ほんとうに大丈夫なの⁉」

「ライブなの！　扉をイメージした曲よ！」

明子は何のことか、さっぱり理解できない。ただ母にとっては、ライブでも何でも良かった。元気な姿を見せてくれていることに安堵《あんど》した。

ジュンナは全裸で立ち上がった自分が急に恥ずかしくなり、再び湯船に体を隠す。

「カヨ、それに変態さん、ありがとう！」

約束を果たす、最後の闘いが始まった。

◇◇◇

ジュンナには、どうしても行かなくてはいけない場所があった。仏壇に線香をあげると、カヨの母親は優しく居間に迎え入れてくれた。

「最近マスコミが取材に来たり、全国から先生方をはじめ、いろいろな方から弔問をいただくけど、カヨはジュンちゃんが来るのを一番喜んでるわ」

「おばさん、今日は大事なことを伝えに来たんです」

ジュンナはおもむろにカバンに手を入れ、あのファイルを取り出した。

「カヨがいじめられていたという、証言を手に入れたたんです」

「『いじめ調査報告書』？」

彼女はカヨが通っていた学校へ出向き、いじめの聞き取りをした一連の経緯を伝えた。

カヨの母親はその報告書を手に取り、ゆっくりと目を通していく。そしてその内容に次第に気持ちを抑えきれず、むせび泣く。

「おばさん、ごめんなさい」

「ううん。謝ることなんて何もないわ。ジュンちゃん……ありがとね」


カチ、カチ、カチ………


しばらく、掛け時計の秒針の音だけが響き渡る。秒針が一周回った頃だろうか、母親が苦しい胸の内を訥々《とつとつ》と話し始めた。

「あれから2か月もの間、真実を知りたいと学校に訴え続けたの。

でも全く、取り合ってくれなかった。一瞬たりとも娘のことを考えない時は無かった。

娘の苦しさ、無念さを想うと、本当に胸が張り裂けそうで……。ただただ真実を知りたい。認めて欲しい……」

遺族には全く情報が公開されず、やり場のない悲しみや怒りを抱える現実がそこにはあった。

そろそろジュンナは、もう一つの重要なことを話さなければならなかった。

「おばさん。私、カヨのために追悼ライブやります」

「ジュンちゃん、もういいのよ。もうカヨのことで苦しまないでね」

カヨの母親は、ジュンナが『自分のせいでカヨを死に追いやった』と思い悩んでいるのではと気にかけていた。

「もうあなたは、カヨのために十分すぎるほどやってくれたわ。あなたにはあなたの人生があるのよ。カヨのためにも、ジュンちゃんには幸せになって欲しいから……」

「いや、これは私のためでもあるんです。カヨとの約束を果たしたいんです！」

「ジュンちゃん……」

ジュンナは、母親にカヨの部屋を案内してもらった。

部屋には机やベッドが生前のまま置いてあり、まだカヨがそこにいる感じがした。机の上には、あのペンダントも置かれている。

ジュンナは部屋の中央に立ち、深呼吸をしながら目を閉じた。

「カヨ、約束したよね。楽しかったね。

あなたがくれた、冷めぬこの熱は、私の胸で生きづいているわ。

今度、ライブをやるよ。私、自信ないんだ。力を貸してね。見守っていてね」

正直な気持ちであった。閉じた目から一筋の涙が頬を伝っている。

7年前に交わした少女の約束が、運命に導かれるように動き始める。

◇◇◇

その頃、圭は父親の書斎に入ってジュンナと父親との接点を探し始めていた。ふと書棚に『自工程完結』の本が目に留まる。

「親父、読んでいたのか？」

本をつかむと、一緒に挟《はさ》んであった書類がぽとりと落ちた。

「いじめ調査報告書？」

おもむろに拾い上げると、そこにまさかの名前を見つける。

「ジュンナ……！」

圭は、その中に謎を解く鍵が書かれてあることを直感した。

まさにパンドラの箱を開ける覚悟でパラパラと目を通す。

「そういうことだったのか！」

天井を仰ぐ。点と点が、線としてつながった瞬間だった。

ジュンナを応援することは、親父を追い詰めることになる。

（どうすればいいんだ）

考えを巡らすが、答えは出ない。目を閉じ、しばらく心を落ち着かせる。

「現場に足を運び、自分で確かめる……『現地現物』だっ」

失礼は承知の上で、遺族から話を伺うことを思いつく。

勝敗のキャスティングボードは、圭に託される形となった。

◇◇◇

ピンポーン
「川上と申します。石川さんのお宅でしょうか？」
「マスコミの方はお断りしています。お引き取りください」
「いや、細江……ジュンナさんの知り合いの者です」

足音が近づき、玄関の扉が開く。

「ごめんなさいね」

「大変な時に急にお邪魔して、こちらこそ申し訳ありません」

圭は単刀直入に話を伺い、その内容に言葉を失った。いじめについてはわかっていたつもりだったが、遺族からの生々しい話や心の苦しみに直に触れると、「他人事」としてしか理解していなかったことに気づかされた。

圭は、彼女が見ていた写真について尋ねる。

「この写真は？」

「カヨのお気に入りなの。ジュンちゃんとカヨと、ジュンちゃんちの子犬」

「確か、犬の名はココですね」

「よくご存じで」

そこには、楽しそうに微笑みかけている少女たちがいた。

「先日、ジュンちゃんが来てくれて。今度、カヨのために路上ライブをやってくれるそうで」

「えっ、そうなんですか？（ジュンナが動き出した……）」

「ジュンちゃん、本当に友達思いのいい子で……」

そうだ、ジュンナは本当にいい子だ。思いやりがあり、周りの人を幸せにしてくれる。

この時はまだ圭は、その程度にしか思っていなかった。

「わざわざ、遠くからお越しいただき、ありがとうございました」

「こちらこそ大変な折りに、ご丁寧におもてなしをいただき、ありがとうございました。いじめの解決に向けて、微力ながらできることをやっていきたいと思います」

ついに、圭の答えが出た。

◇◇◇

圭は、こう考えた。

教育委員会が、彼女がいじめを苦に命を絶ったことを認め、学校側が遺族に謝罪する。その上で、解決を図ることが望ましいと。その際、教育委員会も謝罪しなければならないだろう。ただ早めに行動すれば、世間からバッシングを受けることもそうはないはずだ。

帰宅したその日の夜、圭は早速、父親に説得工作を試みる。

「この前の女子高生が亡くなった件、いじめが原因だと思うんだ」

「何を改まって言い出すのかと思ったら」

「いじめはあったんだよ。命を絶つ引き金になったと考えて間違いない。ご遺族の方に会って話を聞いたんだ」

教育長は息を飲んだ。まさか息子までも、この件に首を突っ込んでくるとは。詰め寄る息子に対して、ついに本心が吐露される。

「正直……いじめが原因だったのかもしれない」

父親である教育長は初めて、いじめを認める言葉を口にした。身内だから、心を開いたのか？　それとも、圭の口を借りた遺族の悲痛な叫びがそうさせたのか。

「今からでも遅くないよ。どれだけ被害者が苦しみ、ご遺族が心を痛められているか……」

しかし説得に効果があったのはそこまでだった。彼はそれ以上は答えようとしなかった。教育長という立場上、父には関係者の間《はざま》で引くに引けない事情があるのかもしれない。圭はそう感じた。

◇◇◇

ジュンナは「追悼路上ライブ」という大一番を前に、あの男の協力が必要だと考えていた。だがこちらから連絡を絶っていた手前、躊躇《ちゅうちょ》していた。

そんな時だ。棚ぼたの『啓示』がＬＩＮＥを通じて降りてきた。

＞ジュンナ、元気？

＞今度ライブやるそうじゃないか？　手伝うよー

「圭から……何でライブをやることを知ってるの？　今、ゾーンにもいないし……リアル・啓示？」

ライブを開催することを知る人間は、母の明子と、カヨの母親くらいだろう。

圭と母たちには接点などないはずだ。思い当たる節が見当たらなかった。ただ、願ってもない申し入れに便乗しない手はない。

＞どうしても手伝いたいのなら、いいよー♡

◇◇◇

二人が出会う場は、決まってスターバックスだ。

ジュンナは、『追悼ライブ企画書』と書かれた資料を差し出す。そこで、ある文字が圭の目に飛び込んできた。

「いいのか？」

瞳と瞳が引き合い、重なり合った瞬間、

「決めたんだ」

最後の路上ライブ

ジュンナにとって路上ライブは生きがいだった。しかし彼女の澄んだ瞳の中には、覚醒した仁王像にも似た気迫が宿っていた。

圭は、彼女の本気と覚悟を感じ取った。そして彼もまた、追悼ライブを成功に導くことが自分に課せられた「使命」であり、自分の想像を超えてたくましくなっていく、ジュンナへの餞《はなむけ》だと感じた。

「じゃあ、企画書を読ませてもらうよ」

ジュンナは、期待と不安に満ちた表情で圭の顔色を伺う。

目的：『歌を通じて、幼なじみを追悼すると共に、いじめに悩む人を元気づける』
「素晴らしい。自分がやることではなく、『お客様にどうなっていただきたいか』で設定できている」

安堵《あんど》の表情を浮かべるジュンナ。

「歌には、人を勇気づける力があると思うの。

被害者に寄り添い、励まし、生きることの素晴らしさを感じてもらえたらなぁって」

目標：『いじめを苦に命を絶つ人　ゼロ』

「おー、そうきたか。目標を定量化していて、達成できたかどうかも判断できそうだ。

ただ、追悼ライブだけでこの目標を達成するには無理がある。

今回のライブで達成できる目標が必要だ」

「そっか。じゃあ……」

目標：『ひとりでも多くの人に希望／元気を与える。〝救われた〟と思っていただく』

「イイね！　ひとりでも多くの人に、『救われた』って思ってもらえるようにする。この目標であれば、ライブを観ていただいた人からのメッセージや反応で判断できそうだ」

最終的なアウトプット：『幼なじみを追悼する／いじめの被害者を救う路上ライブ』（応援歌、スピーチ）

「いいじゃん！」

強い口調だった。このアウトプットを生み出すジュンナこそが、社会を変えていく最大のアウトプットではないか。圭はそう感じた。ここでジュンナはプロセス整備シートをテーブルに並べ、手順を彼に示す。

それを見た圭は、さらに語る。

「ライブそのものは、ジュンナの感性を織り込んでやればいいと思うんだ。ここは心配していない。問題は『**運営準備**』だ。これまでのライブと大きく違う点は何だと思う？」

手元にある企画書に目をやり、「追悼……」と自信なく答えるジュンナ。

「確かに追悼することは今回のライブの目的であり、これまでのライブとは違う。しかし決定的に違うのは、観客数が多くなる可能性があること。開催者としての『**安全確保**』**の責任がより問われる**ことだ」

「観客数は多くなくてもいい。正直、学校のみんなには知られたくない。文化祭を任せきりにして、迷惑をかけちゃってるわけだし……」

「まずは何をおいても、開催者としての責任をしっかりと果たさないといけない」

「あっ、そっかぁ。『❶安全→❷品質→❸生産性』の順番！　何をおいても『安全であること』、次に『ライブの出来』、最後に、『成果』ってことね！」

「そうだ！　一言で『安全であること』って言うけど、考えなければいけないことは山ほどある。例えば、

- 会場／駅周辺の安全や動線（観客や駅利用者の通路）の確保、危険個所の排除
- 避難経路や救護体制の整備
- 迷惑防止（ゴミのポイ捨てや、駅の一般利用者への配慮など）　など」

「そんなことまでぇ!?」

ジュンナの瞳がマトリューシカのように小さくなっていく。

「様々なことを想定して、備えておく必要がある。特に不特定多数の人が集まる場所ではね」

「アイドルの握手会でもファンによる傷害事件もあったし、『備えあれば憂いなし』ってことね」

「そうだ！　加えて物事を円滑に進めるためには、関係者の承諾や協力を得ることも必要。関係者には警察・交通機関はもとより、学校関係者・役所・消防署・医療機関。さらには近隣の住民、商店街などがある。また警備や誘導などボランティアを募ることも必要だろう。そうなれば誘導員とわかる制服などの『**道具**』を準備し、安全確保や警備の要領を教え込むだけでなく、訓練を実施して『**能力**』を備えなければならない。

そして、『これで良し』と言える『**判断基準**』は、ヌケなく安全確保や警備の準備ができていること。関係者や専門家が内容を合意していることなどだ」

「もうダメ……」

ジュンナの瞳がマトリョーシカ最小形態に。血の気が引き、卒倒寸前だ。

「大丈夫！　ここは俺に任せなさい！

ジュンナは、歌づくりなどライブの準備に専念してくれればいい」

「ありがとう！」

息を吹き返したジュンナは、思わず圭の手を両手で握る。

だが恥ずかしさのあまり、手をスッと引く。

周りの客も「何かあったのか？」とばかり、不自然な二人を見つめている。

◇◇◇

ジュンナはまずは主催者として警察などの関係各所へ出向き、追悼路上ライブを開催するための事前連絡や支援要請のための挨拶《あいさつ》周りを始める。役所へも出向いて、教育委員会へライブを開催する旨の書簡《しょかん》を職員に手渡した。

しかしこれが、ジュンナを窮地《きゅうち》に追い込むことになろうとは。

◇◇◇

「何だ、これは？　勝手なマネをしてくれる」

書簡を受け取った教育長は、そのまま書簡を握りつぶす。いじめの問題が明るみに出れば、責任問題は免れない。

「ライブは、何が何でも中止させてやる！」

怒りをぶちまけると、ふとある言葉が頭をよぎった。

「そう言えば……『じこうてい』なんちゃらってやつ」

彼は息子の部屋で見つけて拝借していた自工程完結の本を思い出す。そして、その本を手に取って目を通す。

「なかなかいいことを書いてあるじゃないか。

フッフッフッ……自分で自分の首を絞めることになろうとは。

この自工程完結を使って、確実に中止に追い込んでやるわ」

教育長は、絵に描いたような不敵な笑みを浮かべた。


『ライブを開催する』自工程完結　VS『ライブを中止させる』自工程完結

の闘いが始まった。

◇◇◇

そうとは知らないジュンナは追悼ライブの制作手順を一つひとつ、自工程完結で『良し』、『良し』と確認しながら順調に進めて行く。

充実した日々を送り、明るさが戻った娘に声をかける明子。

「最近、顔色もいいし、調子が良さそうね？」

「そう？」

娘は最近、何も言わなくても時間になると起床する。忘れ物もしなくなった。

続いて父も声をかける。

「彼氏でもできたのかぁ⁉」

「そんなんじゃないよ。そういうお父さんこそ、最近ゴルフの成績はどうなの？」

「相変わらずブービーだよ」

「いいこと教えてあげよっか？　ブービーから脱出する方法！」

ジュンナがゴルフの本をテーブルに置くと、明子は、

「そんなことより、自分の成績を上げてよね」

娘は、母の切り替えしを予測していたと言わんばかりに、「じゃーん！」と叫びながら、これ見よがしに校内模試の結果を差し出す。そこには、目を疑う成績が書かれていた。

253人中　163位

「えっ……あのブービーギャルが⁉　一線は越えちゃー、あかんぞ！」

「カンニングじゃないってば（苦笑）」

無理もない。路上ライブを初めてから成績は下降しまくり。二年生以降、200位圏内に突入したことはなかったからだ。

「言ったでしょ？　ブービーを脱出する方法があるって。私が証明よ！」

「なんか、ダイエットの広告みたいだぞ（笑）」

「自工程完結って言ってね。目的を達成するために一つひとつの手順を、『これで良し』と手戻りなく進めるの。身近な例で説明するね……」

ジュンナはシートベルトを締める事例などで、自工程完結を具体的に説明しだす。すると和之だけでなく、明子も耳を傾けだす。

「じゃあ本題ね。ゴルフでスコアを上げるための、パットの手順を言ってみて？」

和之は実演を交えながら、

「『カップまでの距離を把握する→ラインを読む→ラインを決める→スイングする』で、カップインしたら『ガッツポーズ』だな」

「ガッツポーズは置いといて、それら手順を決めたら、必要なものを揃《そろ》えるの。必要なものは、手順を確実に行うための情報、道具、能力などよ」

和之は手ほどきを受けながら、パットに必要なものを考えていった。

「この本によると、

• 情報……天候（風雨）、グリーンの状態（傾斜、芝目など）

・道具……パター
・能力……ラインを読む力、スイング安定性

などだよね、父さん」

「うん」

「能力はとても大切で、スイングを適切に行うための訓練も必要よ！　この本に載ってるように……」

「よっしゃ、頑張ってみるわ！　でも最後に父さんからも一つ忠告しておくわ。くれぐれも恋に落ちて自分を見失わないよう、心にシートベルトをしておくように」

「もう、お父さんったら（笑）」

8 窮地 ―― 魔の手が忍び寄る

ジュンナがライブの準備を自工程完結で進めている頃、教育長も参考書を片手に書斎に閉じこもっていた。

「一つひとつの手順をきっちりと行って、手戻りをなくす。これが自工程完結。

目的は、言わずと知れた、『**ライブを中止させる**』こと。

目標は、9月の開催日から逆算して遅くとも『**8月末までに**』でどうだ？

最終的なアウトプットは、『**ライブを中止させる理由**（**提案書**）』だな。これにより、『ライブが中止され、小娘がいじめを追及する行動を断念している』……

ナハハ、ちょろいもんだ。ほいで**手順**は……

まずは、ライブを中止させる理由を見つけるための『**調査**』だ。小娘の身辺調査から過去にライブで発生した問題や、ライブ会場周辺の調査などから中止に追い込むためのネタを集める。敵を知り、己を知れば百戦危うからず……ガハハ」

妄想《もうそう》しながら、笑いが止まらない。

「次に、中止に追い込む『**中止理由の明確化**（**提案書の作成**）』だな。安全上の問題や、交通妨害などを具体的な事例やデータで理論武装する。ほいで最後に、『**警察に中止要請**』だ」

教育長も、本気でライブを中止に追い込みにかかっている。

◇◇◇

刈谷市は、デンソーやアイシン精機など自動車部品メーカーなどが集積する、日本有数の自動車工業地域である。したがって公共交通機関や車による通勤者も多い。

圭は安全確保に向けて、開催場所となる刈谷駅周辺の下見に来ていた。

「電車でライブを観に来る人は、このＪＲと私鉄の改札口から出てくる。乗客は南口の階段を降りるか、そのままペデストリアンデッキへ流れる。まず、改札口から南口へ誘導する必要があるな。時間帯が会社の終業時間と重なるため、動線をはっきりと分けないと混乱してしまう」

時を同じくして、もう一人の男がすれ違いで現地へ足を運んでいた。

「ネットで調べると鉄道の利用客が最も多いのは、午後の時間帯では6時、曜日では金曜日。開催日は、9月13日の金曜日午後6時。開演時間と重なり、ダブルパンチで混雑必至！　ガハハハハ……！」

◇◇◇

開催地での調査を終えた教育長は、中止理由を練り上げた後、刈谷警察に電話して中止を要請した。

「9月13日の金曜日、なんとも不吉な日に刈谷女子高校の生徒が路上ライブをやるそうだが中止を要請する。そもそも、勉学に励むべき高校生が公共の場などを使って路上ライブなんぞやるのはいかがなものかと……。

私が調べたところによると、刈谷駅の利用者数はＪＲと私鉄を合わせ、1日平均6万人。週末で最も利用客が多くなる開催時刻には、1万人を超える利用客がいるだろう。それに加えてライブ目当ての客が押し寄せたら、将棋倒しにもなりかねない。過去のライブを見ても、この手の大惨事はたびたび発生している。

駅構内の往来の妨げにもなるし、駅周辺の交通渋滞は火を見るより明らか。横断歩道橋と広場の機能を併せ持った、ペデ……」

「ペデストリアンデッキですか？」

「おー、そうそう。そのペデ……に人が群がったら危険極まりない。さらに、騒音も大問題。ライブでは、電車が通るガード下レベルの100デシベルを優に超えるだろう。近隣マンションの住民や店から苦情も殺到する。何かあったらただでは済まない。責任問題だ！」

まくしたてる教育長に、警察もたじたじとなった。

◇◇◇

そしてさらに、ジュンナを追い詰める出来事が。文化祭の準備を任せっきりにしてきた彼女の行動が、リサ一派の恰好《かっこう》の標的になったのだ。

「あれだけカッコイイこと言っていたのに……化けの皮が剥《は》がれたわね」

「何が『一生の思い出』よ」

日に日にジュンナに対する全校生徒の視線も冷たくなった。ひそひそ話から無視《しかと》へ。さらには睨《にら》みつけたりとエスカレート。

ジュンナは耐えるしかなかった。

それを目の当たりにするサクラの胸は張り裂《さ》けそう。でも労《いたわ》ろうとして、彼女に寄り添うだけでも白い目で見られる。ましてや「これって、いじめじゃん！」と擁護しようものなら、サクラまでも標的にされる始末。

◇◇◇

夏休みも終盤にさしかかった8月下旬。追い打ちをかけるように恐れていた事態が起きる。

いじめが、現実の世界からネットの世界へ飛び火したのだ。

サクラはＬＩＮＥで送られたリンクを開けて絶句した。

「何、これ？」

そこは学校裏サイトで、ジュンナを誹謗中傷《ひぼうちゅうしょう》するコメントが書き込まれていた。

＞文化祭の実行委員長を投げ出す刈女の詐欺師

＞サギシャン！　文化祭の歴史に汚点残したワ

＞一生の思い出？　まじ、ワロタｗｗｗ

学校裏サイトは先生の知らないところで、瞬《またた》く間に刈女の生徒に知れわたる。

＞ライブはボイコット

＞ボイコットまであと20日

＞彼女にも事情があるのよ！

＞あんた、誰？

＞本人じゃね？

＞ダチか？　ウザｗｗｗ

＞ボイコットまであと、19日

見るに見かねたサクラが投稿するも、炎上騒ぎとなる始末。

ジュンナの苦しい胸の内を知るよしもなくディスりは過激さを増し、心なきカウントダウンが続いた。

◇◇◇

「ただいま……」

蚊が鳴くような声で帰宅すると、ジュンナは自分の部屋に一直線。

すかさず追ってきたココと共に部屋に入ると、彼女はカバンをドンと机の上に置き、イスに腰掛けてフーッと息を深く吐く。

修復された痛々しいペンダントを見つめながら、しばらくボーッとする。

ココは横にちょこんと座り、彼女の気持ちを察してか心配そうに首を傾けている。

「仕方ないか……全部、私が悪いんだもんね」

ジュンナは独り言をつぶやき始める。

「いじめってこういう感じなんだ。カヨはもっとひどかったんだもんね。辛かったんだね……私、頑張るから」

そうつぶやくと疲れも重なったのか、机に乗せた腕の中で眠りについた。

ココも同じような体勢で寝そべり、ときおり上目使いでジュンナを見つめている。

そんな苦悩をよそに、裏サイトの無情なディスりは続く。

＞文化祭ほったらかし
＞路上ライブは、やるそうじゃん
＞さいてー。ライブ優先か（怒）
＞ボイコットまで15日

◇◇◇

現実は残酷だ。遂に決定的な出来事が起こる。

「ジュンナ、警察から電話があったわよ」

「何て？」

「なんでも、路上ライブは許可できないって……」

「えっ……？」

寝耳に水であった。

「安全上の理由とか言ってたけど」

血の気が引き、頭が真っ白になる。路上ライブの中止は、彼女には死刑宣告に等しい。

「でも……説得すれば、わかってもらえるはず」

ジュンナには、最後の砦《とりで》があった。圭が現地調査も踏まえて作成した、プロセス整備シートと安全／警備の要領書だ。

居てもたってもいられない。彼女は早速、圭に連絡する。しかし彼は、出張で不在だった。

（もうっ……大事な時にいないんだから）

翌日、ジュンナは書類を持ってひとりで警察署へ。

「刈谷女子高の細江と言います。路上ライブの件ですが……」

「あー！」

管内の警察官には、女子高生による路上ライブの件は知れわたっていた。さらに二人も加わった中、彼らは彼女を取り囲みながら説明する。

「教育委員会から、安全上などの理由でライブを中止するよう要請があってね」

「残念だけどねぇ」

「頑張ってるようだから、応援したいんだが……」

「安全なら確保できるよう、しっかりと対応していきます！」

ジュンナはプロセス整備シートや要領書を見せて、必死に訴えかける。

「ほー、会場周辺の動線までしっかり考えたんだね」

「そう言えば先日も、同じようなシートを見かけたなぁ」

「でも今回は、もう署長が中止を決めたことなんで……決定事項なんだよ」

「決定事項……」

最後の砦が崩れ、ジュンナは絶望に打ちひしがれた。

こうして無情にも、教育長の自工程完結に軍配があがった。

◇◇◇

そんな中、サクラは苦渋の決断を下す。リサを人気のない体育館に呼び出した。

「何よ？」

「ジュンナのことなんだけど」

興味のない素振りを見せるリサに対し、

「ジュンナは今、とっても苦しんでるの。誰にも言わないようにと口止めされているけど、リサには伝えておきたいの」

「そんなことで、わざわざ呼び出したの？　自業自得《じごうじとく》でしょ？　自分勝手なことしてるんだから」

「違うの……彼女の幼なじみが、命を絶ったのよ！」

リサのまゆがぴくりと動く。

「いじめが原因らしいんだけど、学校側が認めてないらしくって。だから、幼なじみを追悼する路上ライブをやろうとしたんだけど、一度は下りていた許可が取り下げになって……」

しかし彼女の反応は冷淡だった。

「そんなこと、私には関係ないし……知ったことじゃないわ」

◇◇◇

だがそんなリサに、突然まさかの牙《きば》が向けられる。

「おはよう」

「…………」

リサが話しかけても、軍団に反応がない。

「じゃぁ、また後でね」

軍団はパラパラと席に戻っていく。

（えっ……？）

様子がおかしい。放課後になっても、リサの周りには軍団は集まらない。一人ポツンと机に座っている。たまりかねてリサが動く。

「みんなどうしたの？」

「……」

声を掛けてもみんな、目を合わさずに彼女を避けている。

（何、みんな？）

クラスメートも、軍団の崩壊を目の当たりにして見て見ぬふり。
そんなリサにも学校裏サイトは襲いかかる。

＞お嬢さんずらしてるよね
＞性格悪くね？
＞自己チューだし
＞身勝手な実行委員長と同じ（怒）

気に入らない者には冷たくあたり、常に自己中心的。そんなリサに対する反感がついに表面化したのだ。
ネットという顔が見えない匿名性《とくめいせい》もあいまって、罪の意識もなく、誹謗中傷はエスカレートしていく。次第にリサから笑顔が消えていった。

◇◇◇

所変わり、とある会社の社内ゴルフコンペ。最終18番ホール。青空が広がる清々《すがすが》しい天気のもと、和之は3打目をグリーンに乗せて、あわよくば初バーディーも狙える位置につけた。

「細江さん、今日は絶好調ですね」

「へっへっへっ。娘に手ほどきを受けてね」

「娘さん、ゴルフやられるんですか？」

「ぜんぜん！」

「えっ、どういうことっすか？」

「考え方を伝授されたんだよ」

「？」

「これを入れればブービーともおさらば。イヒヒ。カップまでの距離を把握して、ラインを読んで……」

ブツブツつぶやきながら、アドレスの姿勢を取る。

コン……

打球はグリーン上を弧《こ》を描くよう這《は》っていく。軌道は悪くない。

（でも……ちょっと弱かったか⁉）

案の定、カップの際《きわ》で止まってしまった。かに見えたが……

コトン

軽く風に押されたか、ボールがカップに吸い込まれる。まさに神風が吹いた。

「やったぞ、ジュンナ！　自工程完結ぅー！」

和之は、グリーン上で派手なガッツポーズをとる。

◇◇◇

父が雄叫びを上げている頃、刈谷警察署の職員がジュンナの自宅を訪れていた。

「細江さんのお母さんですか？」

「はい」

「刈谷警察署の坂田と言います……ジュンナさんは、いらっしゃいますか？」

「はい……」

さえない返事をする明子。それもそのはず。ジュンナはライブ中止の決定にふさぎ込んでいた。

「お会いできますか？　お伝えしたいことがあります」

明子に抱きかかえられるように、現れたジュンナ。見る影もなく、憔悴《しょうすい》し切っている。

「ジュンナさん、この前、お会いした刈谷警察の坂田です。朗報です……路上ライブ、やっていいことになりました」

ジュンナは無反応のままである。彼女の心を起こすかのように、坂田は語気を強めてさらに訴える。

「あなたに、路上ライブをやらなければならない……多くの人が、待ってるんだ！」

（……えっ？）

ジュンナはようやく、言っていることの意味を理解し始める。

「理由はわかりませんが、県警からのお達しです……我々は、全面的にバックアップします」

そこで彼女は、憔悴モードから歓喜モードへ急激に切り替わった。

「うっ……うわぁ――――っ！」

腰砕けになって、その場で泣き崩れる。

「大きな力が働いていることは確かです。ジュンナさんの本気が、周りを動かしたんだ！」

まさかの神風が吹いた。

◇◇◇

その神風の前兆は、実はこんなシーンから生まれていた。

体育の授業。

「こっち、パス！」

「シュート！」

ボールがバスケットネットを揺らす。ハイタッチをし合う中、チームメイトであるリサが手を差し出してもスルー。リサに絶好のシュートチャンスがあっても、パスが回らない。

相手のゾーンでボールがこぼれた。リサがとっさにこぼれ球を拾い、シュートを放って見事にゴール。

「ゲームセット！」

しかしメンバーはリサには近寄らず、淡々とプレーが続いていった。

離れ小島で汗をぬぐうリサ。

そこにジュンナが近寄る。

「リサ、ナイスシュート！」

（えっ……）

「リサ、元気出していこーね」

リサにとっては、まさかの出来事であった。ジュンナも同じように仲間から冷たくされ、苦しいはずなのに。

　なのに、自分を気遣ってくれた。

　この場から早く逃げ出したい。そう思っていたリサは、ジュンナに声を掛けてもらい、手を差し伸べてもらったことで、どれだけ心が救われたか。それも、これまであれだけ冷たく当たっていたジュンナに。

（なんで、私なんかに……）

◇◇◇

　＠リサの自宅
「お父さん、お願いがあるの」

「最近、元気がないようだけど……何だい改まって」

　娘からお願いなんて滅多にない。その顔色からも、何か特別な事情であることが理解できた。

「今度、刈谷駅前でうちの学校の生徒がライブやるの。いじめで亡くなった親友を追悼するんだって」

　父が急に真顔になる。それもそのはず、知事として、県をあげていじめ撲滅を推進しているからだ。

「でも、ライブの許可が下りないんだって。お父さんの力で何とかしてあげて欲しいの」

「何とかって言われても……そんな個々の案件に口利きはできないし」

「お願い！　一生のお願い！」

壁に貼られたＥＴのポスターに重ね合わせるように、人差し指を父のほうに向ける。父も人さし指を出し始めるが、「いや、それは（難しい）……」と指を下ろして考え込む。

◇◇◇

そんなリサの父の大倉が、行動に打って出るのに時間はかからなかった。

県警本部長である鬼頭と面会するため、本部を訪れる。大倉は、鬼頭が応接室に入ってくるなり頭を下げる。

「このたびはお忙しい中、時間を作っていただき申し訳ありません」

彼はすぐに本題に入り、女子高生による路上ライブの件を伝える。

「それが、何か……？　辞めさせるとか？」

「いや、その逆で、許可をお願いしたいんです」

「知事自ら、そのようなことをお願いに？」

「県民から、ライブを開催させて欲しいという声が届いています。いじめは社会的な課題です。たとえ一人の意見や行動でも、その想いに応えてあげたい」

鬼頭はしばらく考えた末、大きく息を吐いてこんな話を始めた。

「大倉さん、スピルバーグを知ってますよね？」

「『ジョーズ』、『未知との遭遇』、『ET』など大ヒット作を生み出した、世界でも屈指《くっし》の映画監督ですよね。私、大ファンでしてね」

「知ってますか？　彼はボーイスカウト時代に自作した映画を仲間が爆笑してくれたことがきっかけで、映画が人に与える影響力に気がついた。17歳の時、ユニバーサルスタジオにこっそり潜《もぐ》り混み、まるでその場で働いているかのように振舞い、スタッフと人脈を作り、顔パスで入れるようにまでなった。

そこから彼の快進撃が始まり、世界に多大な影響を与えるに至った」

「そんなエピソードがあったんですか？」

「彼の取った行為は褒められたものではなかったかもしれないが、潜り込んだ時にスタッフが彼をつまみ出していたら、希代《きだい》の天才は生まれていなかったかもしれない」

本部長はイスから立ち上がり、背を向けて、

「音楽が人に与える影響力に気づいた、そんな17歳もいるんですね。万全を期すよう指示しておきます。私の回答は以上です」

「ありがとうございます！」

大倉は、イスから立ち上がり、深く頭を下げた。

「彼女には社会を動かす、そんな力があるのかもしれない」

鬼頭の言葉に、思わず人差し指が出そうになる大倉であった。

神風が吹いた裏側では、こんなことが起きていたのだ。

◇◇◇

秋の気配を漂わせながら、いよいよ文化祭が近づいてきた。

しかし学校裏サイトは、カウントダウンを冷酷に楽しみながら、お祭り騒ぎとなっていた。

＞文化祭のライブはみんなでボイコット
＞酸性ｗｗｗ
＞いい気味

＞ボイコットまであと、３日

＞明日は、決行の日

＞路上ライブもやるらしいじゃん。ライブはシカト

＞自業自得

＞ボイコットまであと、１日

◇◇◇

文化祭当日。

チュン　チュン

スズメがさえずり、雲一つない清々《すがすが》しい天気。

学校を囲うレンガの壁には、文化祭の展示ごとの特大ポスターが競うように並べられている。その壁ごしから見える校舎は色とりどりの垂れ幕をまとい、文化祭に懸《か》ける生徒の想いと情熱がほとばしる。

正面に回ると重厚な門構えには扉をイメージした装飾がなされ、目の前に巨大モニュメントが待ち受ける。『夢、心、可能性』の、３つの扉だ。

モニュメント上部には『開けよう！　明日への3つの扉』のスローガンが来場者に問い掛けてくる。校舎に入ると廊下や階段には工夫を凝らしたデコレーションが施され、はっぴやTシャツを着た生徒がオープニングを前に慌《あわ》ただしく交錯《こうさく》している。

職員室では先生たちも、文化祭開演に向けて慌ただしく動き回っている。そんな中、近藤先生は今日発売された週刊文実《ぶんじつ》を読み入っている。

週刊文実とは『真実を文章で』を理念とした週刊誌だ。近藤先生も、急《せ》かされるように週刊文実を机の上に見開いたまま、職員室を後にした。そこに書かれてある記事とは

『一人の女子高生が、学校組織に立ち向かう』

大見出しの下には、学校の校門前で雨に打たれ、うずくまる女子高生の写真が。記事は『いじめの内容』を克明に記し、学校関係者を糾弾するものであった。

◇　◇　◇

そんな週刊文実の記事を、今朝のテレビのワイドショーが大々的に取り上げた。

そのことを学校や生徒、ジュンナすら知らなかった。
フリップに記事がアップで映し出され、ニュースデスクが読み上げる。

デスク「今日、発売された週刊文実の『いじめ』に関する記事です。今年6月に起きた、女子高生の痛ましい出来事はいじめが原因であり、そのいじめを学校関係者が隠ぺいしているというスクープです」

MC「以前から女生徒が命を絶ったのは、いじめが原因じゃないかという憶測もありましたよね？」

デスク「はい、これまで学校関係者は、いじめについて言及を避けてきました。しかし今回、いじめられていた事実が次々と明るみに出てきたんです。それもその陰には、亡くなった幼なじみの無念を晴らすための、一人の女子高生の執念が隠されているらしいんです」

MC「どういうことですか？」

デスク「他校に通う幼なじみの女子高生が、雨にも負けずに生徒に聞き込み、いじめがあった事実を掴《つか》んだということです。そして、そのヒロインと目《もく》される、ある女子高生の動画が世界で話題になっています！」

デスクがリサーチ力を誇示《こじ》するかのように、さらに熱く語る。

「もともとこの動画は、以前から純粋に歌に魅了されたファンの間で支持されていたようです。そこにきて、あの世界の歌姫レディオ・カカが自身のツイッターで『お気に入りの動画』とツイートしたことがきっかけで、全世界に拡散しました。

カカは自身もいじめ撲滅の財団を立ち上げて活動していますが、女子高生の歌声が天使のように美しく、メッセージがクールだと絶賛したんです。その映像がこちらです」

刈谷駅の風景をバックに、路上ライブを撮影した映像が流れ始める。女子高生の顔にはモザイクがかけられている。

その映像には英語でもキャプションが付けられていた。

女子高生路上ミュージシャン　追悼路上ライブ
3つの扉を開けよう！　～夢の扉、心の扉、可能性の扉～
2013年9月13（金）18時開演　@愛知県刈谷駅南口

ゲスト「全世界は歌の意味はわからなくても、この美しい歌声に共感しているんですね」

MC「ちょっと待ってください。9月13日って今日じゃないですか!?」

デスク「はい、数日前からライブに関する情報が映像に記《しる》され、一部のコアなファンの間では盛り上がりを見せているようです」

MC「でも一体、誰が動画を投稿したんでしょう?」

デスク「本人ではなさそうですが」

MC「メッセージは失礼ですが、ジャパニーズ・イングリッシュのような……。いずれにしても、応援したいですね。追跡取材もお願いします」

◇◇◇

「ヘッ、ヘックショ―――ン!」

くしゃみをする山崎先生。

問い合わせの電話が鳴りやまない。副校長は、何のことやら事態を理解できず、対応に四苦八苦。中には海外からの問い合わせもあり、それらは山崎先生の出番となる。

「ナイス・トゥー・ミーチュー。オッケイ、カモン!」

会話がかみ合っているかどうかはともかく、彼はいつもよりもイキイキとしている。

◇◇◇

そんな慌ただしさをよそに、文化祭の幕が切って落とされた。

放送室では、ミトちゃんがマイクに向かって叫ぶ。

「おはようございます！　今日は、待ちに待った刈谷女子高校の文化祭です。今年のスローガンは、『開けよう！　明日への3つの扉!!!』

一歩踏み出し、最高の瞬間《とき》を最高の仲間と、最高に盛り上げよう！」

時間を追うにつれて、校内は多くの人でにぎわう。中にはマスコミ関係者の撮影クルーもカメラを廻《まわ》しながら、ちゃっかり茶道の手ほどきを受けている。

しかしジュンナは実行委員長のはずなのに、居場所を見出せないでいた。

文化祭のプログラムも盛況のうちに進み、残すは体育館でのライブ演奏のみとなった。

しかし、定刻になってもジュンナは現れない。

会場に足を運ぶ人もいない。一部の先生と保護者、取材陣を除いて。まさに閑古鳥《かんこどり》が鳴いていた。校舎に貼られたプログラム表にも陰湿なイタズラか、ライブの箇所に取り消し線が引かれている。

そんな異常事態の中、一般来場者に紛《まぎ》れて偵察《ていさつ》に来ていた、のんきな三人の男が。

「勝負あったな！」

「はい、さすが、教育長ですぅ」

教育長と校長、教頭の三人衆が高らかに勝利宣言を出す。

そして、さらにもう一人。体育館の扉に、たたずむ人影。リサだ。

見るに堪《た》えない光景を前に愕然《がくぜん》とし、扉に寄りかかっている。

ギイ――――

リサが長年、封印してきた心の扉が軋《きし》みながら開き始める。

◇◇◇

2007年　某日。

リサは才色兼備のお嬢様として、地元でも有名な小学生だった。

「でも、リサよりすごいね。この女の子」

地域で開催される習字やピアノなどの展覧会や発表会では、リサはいつも別の小学校に通う、ある女の子にかなわなかった。

その女の子は金賞や最優秀賞を総なめ。リサは常に次点に甘んじていたのだ。

「あった。お父さん、お母さん」

「おっ、すごい、金賞だ！　父さんは、いつもブービーだからなぁ」

「トンビが鷹《たか》を生むって、このことを言うのかしら。ね、お父さん（笑）」

陰で悔しさをにじませ、「何よ！」とつぶやくリサの心の奥に、名前とともに嫉妬心《しっとしん》が深く刻まれていった。

あれから3年の月日が流れ、高校の入学式。リサはまさかの光景を目のあたりにする。小学校の頃から勝手にライバル視していた「あの子」、細江純奈が楽しそうに友達とおしゃべりをしている。
ポチャッ
その時から、リサの心の奥に蓄積されていた嫉妬心がコップから溢《あふ》れだした。それがジュンナに対する露骨な態度となって現れはじめた。
今でこそジュンナは、勉強をなおざりにして落ちこぼれとなったが、英語の発音もネイティブ並みで、秀才の片鱗が垣間見える。路上ライブで異彩を放つ姿も気に食わなかった。

◇◇◇

2013年　現在。

リサの嫉妬心は今やコップからきれいに流れ落ち、心が澄み切っていた。今なら素直に本心で言うことができる。いや、言わずにはいられなかった。

「ごめんなさい。

あなたはすごいわ。本気で頑張ってる。誰も見ていなくても……。

素直にあなたをリスペクトできるわ」

心からの謝罪の言葉が湧きあがった瞬間だった。だがそんなリサの耳に、ふと、あざ笑う声が通り過ぎていく。

「ハッハッハア。これでライブも中止となり、全てがうまく収まる！

素晴らしいぞ、『じこうていかんけつ』！」

文化祭は終幕を迎えた。準備を含めた4か月にわたる長丁場《ながちょうば》を経て、生徒たちの心には、やり切ったという充実感がみなぎっていた。

「文化祭、大成功だったね！」

「そうそう。一つを除いてはね」

「ジュンナがどこにいるか取材を受けたけど、『知るかぁー』って（笑）」

「アハハ」

「さー、これから打ち上げ行こっか」

「イエーイ」

＞委員長さん、ライブ会場に現れなかったって
＞いい気味
＞路上ライブもシカト
＞ショックで中止！
＞ボイコット　けいぞく中ｗｗｗ

9 開扉

心の叫びが扉を開く

@喫茶かきつばた

チャリーン。

コーヒーの香りを浴びながら、奥に座る常連の老夫婦に軽く会釈を済ませ、ジュンナはカウンターに重い腰を下ろした。

「久しぶりぃ！　ジュンちゃん、元気だったぁ？」

「うん……」

張りのない声に、長くジュンナを見てきた店のおばちゃんは、すぐに異変に気づく。

「どこか具合でも悪いの？」

「ううん……今日、文化祭があったんだけど」

「あー、実行委員長やってるって張り切ってたもんね」

「それが……最後の最後で、私が担当するプログラムだけできなくて。せっかくの文化祭も台無しで、みんなに迷惑かけちゃった」

かなり落ち込んでいる彼女を、おばちゃんが慰《なぐさ》める。

「うまくいくことばかりじゃないし、そういうこともあるって」

「みんなに合わす顔ないんだ……」

カウンターテーブルに顔が埋まってしまうほどの落ち込みようだ。

「だったらライブで発散して、心機一転、明日から頑張ればいいじゃない」

おばちゃんからの励ましの言葉を受けて、ジュンナは大一番のミッションを思い出す。

（そうだ、落ち込んでなんかいられないんだ。

カヨのためにも、おばちゃんのためにも……気持ちを切り替えなくちゃ）

「おばちゃん、いつも励ましてくれたよね。ずっとサポートしてくれてありがとう」

「えっ？」

ジュンナの言葉が引っ掛かった。

「今日、最後の路上ライブなの」

突然の告白に、返す言葉が見当たらない。

しばらく間を置き、平静を装いながらおばちゃんは、冷蔵庫からカット・レモンとハチミツが漬《つ》け込まれたビンとソーダ水を取り出す。

「ジュンちゃんが決めたことだもんね。今日はスペシャル・レモネードを作るからね」

薄明りの中でレモネードをこしらえる細い背中が、娘への最後の手弁当を作るにも似た寂しさを漂わせている。

「はい！　愛情たっぷり、スペシャル・レモネードのできあがり！」

レモンのさわやかな香りが、グラスから陽炎《かげろう》のように揺らいでいる。香りを確かめるようにレモネードを口に含むと、いつもにも増してシュワーと甘酸っぱさが口に広がり、喉《のど》を駆け抜けた。

「おいしい……！」

おばちゃんは、すかさず右腕を左手でたたくポーズを見せる。

レモネードを味わいながら、ジュンナは、今まで聞けずにいたことを尋ねた。

「店の名前って、なんで『かきつばた』って言うの？」

「かきつばたが、刈谷市の『市の花』なのは知ってるでしょ？」

かきつばたは、愛知県や刈谷市の花として親しまれている。市の北部に位置する小堤《こづつみ》西池《にしいけ》は京都府の大田《おおた》の沢、鳥取県の唐川湿原《からかわしつげん》と並び、日本三大自生地《じせいち》に数えられる。

「かきつばたの花言葉って、知ってる？」

「何だろう？　気にもしてなかったけど……」

すると、見る見るおばちゃんの顔色が曇《くも》っていく。

「おばちゃんね……これまであまり、いい人生じゃなかったん」

突然のカミングアウトだ。いつも元気な彼女から、そんなネガティブな言葉を聞いたのは初めてだ。かきつばたの店名や、花言葉と関係があるのだろうか。

「小学生の頃、よくいじめられていたの。毎日のように、泣いて帰ってた。その頃を思い起こさせる場面や音楽に出会うと、息苦しくなることもあったわ。

でもね、心も少し落ち着いて、30半ば過ぎに人生の伴侶《はんりょ》を見つけて幸せを掴《つか》むことができた。しかしそんな矢先に、今度は交通事故で夫に先立たれてね。自暴自棄《じぼうじき》になっていたけど……それでも望みを捨てなかった」

ジュンナはグラスから手を放し、神妙に話に聴き入った。

初めて語ってくれた、おばちゃんの過去。いじめの被害者が、その後の人生も苦しみにさいなまれる現実が、そこにはあった。

「おばちゃん、今は幸せ？」

「うん、とても幸せよ。実はジュンちゃんとおしゃべりしていると、とっても幸せな気分になるし。娘と話しているようで。本当に……楽しい時間をありがとうね」

「感謝するのは私のほうだよ。楽器を置かせてもらってたし、おいしいレモネードも飲ませてもらったし。ライブに向けて、スイッチを切り替える場所。

それがここ、『かきつばた』だったの」

「あ、そうそう。花言葉だったわね。かきつばたにはね……『幸せは必ずやってくる』って意味があるの」

「幸せは、必ずやってくる……」

その意味を噛《か》みしめると、ジュンナは納得したようにつぶやく。

「店名には、おばちゃんの過去からの想いが詰まっていたんだね」

おばちゃんが笑顔で返すと、封印されていた情動が心の膜を突き破る感覚を覚え、とっさにカバンに取り付けられたペンダントに手がのびる。

「これ、小学生の時に、カヨっていう友達からもらったペンダント」

「知ってたよ。描かれている花、かきつばたでしょ」

「このペンダントをもらった友達が、いじめを苦に自ら命を絶ったの」

ジュンナはその弔《とむら》いの意味を込めて、これから最後のライブをやることを伝える。

そしてメモ帳から一枚の写真を差し出した。

「あら、かわいいわね。こっちがジュンちゃんで、こっちがそのお友達ね……」

カヨの微笑む笑顔をしばらく見つめる二人。ペンダントが一瞬、光り輝いたように見え

た。

「あ、そろそろ時間。スペシャルレモネード、とってもおいしかった。ごちそうさま。じゃあ、行ってくるね！」

「応援するからね！」

おばちゃんがカウンターごしに手のひらを差し出す。

「よっしゃ、頑張ってき！」

パチーン！

おばちゃんは、カラ元気を出しているジュンナを痛々しいとも思った。店の扉が開き、外界からまぶしい光が差し込んだ。いよいよ大一番が始まる。

◇◇◇

@刈谷駅構内
開演1時間前には、すでにライブ目当てに下車する人の姿が見られる。
その先の改札口前では警察官がお立ち台に乗り、スピーカーを持って人々を誘導する。
「ライブ会場は右手になります。急がず、慌てず、ゆっくりとお進みください。

飲酒運転、いじめは犯罪です。
飲酒運転　しない　させない　許さない
いじめ　やらない　やらせない　許さない
〝いじめ〟をすることそれ〝みじめ〟
ださい、カッコわるい、やめなさ〜い」

拍手と口笛が乱舞する。2014年ブラジルワールドカップを決めた夜の、渋谷スクランブル交差点でのDJポリスを彷彿《ほうふつ》させた。

一方、刈谷駅前のロータリーにつながる道は、車が数珠《じゅず》のように連なっている。パトカー数台がロータリーに陣取って回転灯を照らしている。駅前全体が早くも熱を帯び、臨戦体制に入った。

上空にはヘリコプターが旋回し、タカが獲物を狙うように会場周辺の監視や撮影をしている。ドローンもハエのように遊泳し、ベストショットを狙っている。マスコミの取材もにわかに活気を帯びてきた。

テレビリポーターが混雑の隙間《すきま》をぬって街頭に立ち、リポートを始めている。

「ひとりの女子高生が、いじめを苦に命を絶った幼なじみを追悼する路上ライブが、間もなく始まります」

そんな中、何も知らずに意気揚々と凱旋《がいせん》の途《と》につく教育長ら三人衆。

駅に近づくにつれ、人々が溢《あふ》れかえる異様な光景が広がる。

「何じゃ、これはぁー！」

まさかの事態を把握するのに時間はかからなかった。血相を変え、警察を見つけるや猛抗議を始める。

「こんなことをやって許されると思っているのか！」

「警察は何をやってるんだ。ライブを中止させなさい」

「中止するよう釘を刺しておいたじゃないか！」

教育長は青筋を立て、今にも襟首《えりくび》を掴《つか》む勢いで詰め寄ろうとする。ニコニコ動画などSNSもヒートアップし、弾幕《だんまく》がお祭り状態だ。

「キタ―――」「待ってましたあああ」

「引っ込めwwwww」

現実と仮想の世界で観客と反対勢力がもみ合い、怒号《どごう》が飛び交う一触即発の事態。

「地元の警察ではだめだ。県警はどうした！　名誉棄損《めいよきそん》で訴えてやる！」

「だめですよ。我々は県警から指示を受けて動いていますから」

「何ぃ――――！」

◇◇◇

開演まで秒読み段階に入った。

教育長は警察に対する抗議の手を緩めない。息を切らせ、鼻と鼻が触れんばかりである。そんな緊迫した事態のさなか、一人の青年が静かな口調で割って入る。

「もうやめよう」

そこには泰然《たいぜん》として、争いの行方《ゆくえ》を見つめる圭が立っていた。

「あとは、ライブを見守り、世論に委《ゆだ》ねるべきだ」

息子の言葉にギュッとこぶしを握りしめ、くやしさを滲《にじ》ませる。周辺では、帰れコールも巻き起こる。警察は身の安全を期して、停車しているパトカーへ教育長たちを乗り込ませた。

後部座席の窓が開き、窓越しに圭に問い掛ける。

「なぜ、俺（の自工程完結）が負けたんだ……？」

少し間を置いた後、圭は確信をもってこう答えた。

「親身になる、寄り添う心があるかどうかだよ」

うなだれる教育長を隠すように、窓が閉じていく。

◇　◇　◇

演奏の舞台は、観客エリアとポールチェーンで区切られ、この日のために協力を申し出てくれたボランティアが観客席へ手際よく誘導している。舞台は、これまでのライブと比べて特段変わったところはない。

質素な感じがジュンナらしいが、いつもと違うのは、キーボード横の数字が１０９を示し、『追悼ライブ』と手書きされた紙がキーボードの前に貼られていること。

そして、キーボードの上にカヨと仲良く映った写真が飾られ、マイクにペンダントが掛けられていることくらいだ。

会場がにわかにざわめく。ジュンナがココを連れて姿を表した。ココは大勢の人を前にして、目を丸くして落ち着かない様子である。

「本日は、たくさんの方にお越しいただき、ありがとうございます」

ついに開演の幕が切って落とされた。ジュンナは一呼吸を置くと、

「実は今日、文化祭があったんですが、私は……」

言葉に詰まり、会場がざわめき始める。

「私は実行委員長にもかかわらず、大切なプログラムに穴をあけ、文化祭を予定通り進めることができませんでした。裏切り者であり、委員長失格です。本来なら路上ライブをやる資格もありません。しかし、どうしてもこのライブだけは許してください」

「仕方ないよー」「応援するよ――――」「頑張って！」

涙ながらに訴える姿に、彼女を勇気づけてくれるような声がかけられる。

声援にも後押しされたジュンナは、言葉を続ける。

「ありがとうございます。今日は、私自身１０９回目となる路上ライブですが、『いじめをなくそう』と題して、最後の路上ライブを行います」

ものすごい歓声と拍手が地を這い、駅を飲み込んだ。

「それではまず、オープニング曲として、川嶋あいさんの曲『大切な約束』を聴いてください」

歌い終えると、ジュンナはマイクに手をかけた。

「私にはカヨという、幼なじみの親友がいました。

カヨとは7年前、小学生の時にある約束を交わしました。

その約束とは、ガールズバンドを結成することです。

しかしその約束を果たす前に彼女は、いじめを苦に自らの命を絶ちました。

その死に報いるためにも、このような悲惨な出来事は絶対に繰り返してはなりません。

カヨとの夢は、叶うことはありません。しかし今日、天国の彼女と一夜限りのガールズユニットを組んで、マイクを置きたいと思います」

固唾《かたず》を飲んで見守る常連やその他大勢の観衆、そしてメディア。

咳払いと鼻をすする音が一層、その空間の静けさを引き立てていた。そんな時であった。遠方で警官が誘導する声が響いてくる。

「立ち止まらず、進んでください」

少しの間を置き、また耳に入ってくる。

「押さないでください。ゆっくりと進んでください」

そしてついにその声は、絶叫となって響く。

「危険ですので、道路には、はみ出さないでください！」

「両サイドに分かれ、ゆっくりとお進みください！」

ジュンナはようやく異変に気づく。観衆も、何事かと声の方角へ振り向く。そこには驚くべき光景が。人だかりが、波のように押し寄せてきたのだ。

「止まらず、ゆっくりと進んでください！」

警官が叫んだその時だった。制止を振り切るように、

「私たち、ジュンナを応援しにきたのよ！」

「今じゃなきゃだめなの！」

「彼女、一人で頑張ってきたの！」

「ジュンナを待ってる人が、世の中にたくさんいる！

ジュンナは本気で、社会を動かそうとしてるんだ！」

文実メンバーを先頭に刈女の全校生徒が、山崎をはじめとする教師たちと共に駆けつけて観衆の外側を取り囲んでいた。そして生徒たちは、一斉に横断幕を掲げた。文化祭の余りモノの材料で作ったであろう、手づくり感満載の横断幕には

『文化祭はまだ終わっていない！　最後のピースを埋め、最高の舞台を見せて!!!

（刈谷女子高　一同）』

ジュンナ！　ジュンナ！　ジュンナ！

観客も呼応するように、手拍子を鳴らし始めた。あのザキヤマ先生も拳を突き上げてい

る。まるで映画ロッキーで主人公がフィラデルフィア美術館の前でガッツポーズを見せる姿を彷彿させる。こんなザキヤマ、見たことない。

（私は一人じゃない。多くの人に支えられている。こんな私を許してくれた……）

涙があふれてきたジュンナに、キーボードに顔を埋《うず》めた。

◇◇◇

実はライブ開演からさかのぼること、2時間前。流れが一転する出来事が起きていた。

文化祭の後片づけも始まる中、生徒たちのスマホが鳴り始める。

「何これ？　リサから」

＞ごめんなさい。ジュンナは悪くない！

＞幼なじみがいじめを受けて亡くなって、

＞ジュンナはいじめがあったことを突き止めるため一人で闘ってたの！

＞私は嫌われてもいい。ジュンナを応援して欲しい。

＞今日行われる路上ライブに集まって！　このメッセージを拡散させて!!　お願い!!!

「そうだったの!?」

「私たち、ひどいことを……」

「ジュンナ、ごめん」

学校中が騒然となり、受け取った生徒たちはスマホを素早く操りだした。そんな中、山崎はミトを見つけるなり腕をつかんで、一緒に放送室へと駆け込む。

「先生、いいんですか？」

「責任は取る！」

ミトの目には、何事にも無気力だった山崎先生が初めて頼もしく映った。

ピンポンパンポーン
「こちら放送室！　みんな、聞いて！」

ただならぬ空気に、学校中が放送に耳を傾ける。

「文化祭を引っ張ってくれた実行委員長のジュンナがこれから、刈谷駅南口でライブを開催します。ジュンナは、一人で闘っていたのよ……」

その後は、声にならなかった。

すると、山崎がマイクを横取りし、

「ん、まあー……ジュンナは、世の中を本気で変えようとしている！」

「あれ、ザキヤマじゃね？」

「ジュンナは言ってくれた！　『一生の思い出に残る文化祭を作ろう』と。

文化祭はまだ終っていない。終わりにしてはいけない！

みんなで文化祭の『最後のピース』を埋めに行かなければならないんだ。

今こそ扉を開けよう！　ジュンナを応援に行こう！」

「ザキヤマかっけー」

「打ち上げは後回し！」

「ジュンナを応援しに行こ！」

「うん、行こう！」

終了モードだった空気が、一転、応援モードに切り替わった。学校裏サイトも突然シャットダウン。流れが一気に変わった。

◇◇◇

ジュンナ！　ジュンナ！　ジュンナ！

いまだ鳴りやまない声援。

そんなジュンナを見守りながら、次第に会場が静寂《せいじゃく》を取り戻していく。舞台の袖から圭が声をかける。

「ジュンナ、みんなが待っているぞ！」

「ジュンちゃん、頑張って！　応援しているよ」

喫茶かきつばたのおばちゃん、常連の熟年夫婦までも駆けつけて見守ってくれている。

「おばちゃん、ありがとう……」

カヨの母親も、遺影を持ち、時折ハンカチで目頭《めがしら》を押さえている。

「では、続いて聴いてください……」

◇◇◇

同日22時。

軽妙なトランペットによるオープニング曲に誘《いざな》われ、スタジオ中央の映像スクリーンには、漆黒《しっこく》の闇に銀河の星屑《ほしくず》にも似た駅周辺が映し出される。

ニュース番組『報道ターミナル』が始まった。

中央キャスターの右横に、コメンテーターと並んで座っているのはジュンナ。正面スクリーンの左横には、追悼ライブで演奏するジュンナの大きな写真が掲げられている。

「本日のコメンテーターは、城啓《じょうけい》大学教授で教育評論家の古賀正人《こがまさと》さん。そしてゲストには、細江純奈さんをお迎えしました」

二人を紹介したあと、キャスターが進行する。

「トップニュースは、細江さんのライブからです」

ローカルニュースがトップニュースとして扱われるのは異例だ。いじめ問題に強い関心を寄せる、テレビ局の姿勢の表れでもあった。

テレビ視聴者からのツイートも受け付けて、テレビ画面の下に流すと言う。

「細江純奈さんは、愛知県の刈谷女子高校に通う3年生です。本日『追悼ライブ～いじめをなくそう～』を地元の愛知県で開催したあと、新幹線に乗って東京のスタジオに来てくれました。ライブの模様は世界中に配信されています。ライブを終えて、いかがですか？」

「たくさんの方からお礼や感謝のメール、メッセージをいただいています。やって良かったと感じています」

「そもそもなぜ、このようなライブをやろうと思ったのですか？」

「私の幼なじみの死です」

「今年6月に起きた、いじめの事件ですね？」

キャスターの問い掛けに対して、ジュンナは神妙な面持ちで答える。

「はい。彼女とは小学校の時に、将来の夢を約束した親友でした。

その彼女が、いじめを苦に命を絶ちました。私は胸が裂けそうになりました。自分を責めたりもしました。

そんな中、私がたどり着いた答えは『彼女を追悼したい』、そして『いじめに苦しんでいる人の、少しでも心の支えになりたい』。

そんな想いからライブを行うことでした」

「聞くところによると、路上ライブは以前からやっていたと？」

「はい。東日本大震災のチャリティーとして始めたのがきっかけでした。だからと言って、それがすぐに追悼ライブにつながったわけではありません。

追悼ライブに向けて私の背中を後押ししてくれたのは、『自工程完結』という考え方です」

「自工程完結？　どのようなものですか？」

キャスターの好奇に満ちた顔が、視聴者の興味をうまく引き出す。

自工程完結を説明する、ジュンナの熱弁に聴き入るキャスターやコメンテーター。

「テレビ番組の製作や進行でたとえると、スポンサーや視聴者の期待に応えて質が高くてミスがない番組を提供するためには、プロデューサーから放送作家、映像、カメラマン、照明、音声さんなど関係者一人ひとりが、一つひとつのプロセスで、『これで良し』と次のプロセスに引き渡すことが大事です。これが、自工程完結です」

「なるほど。シンプルですが、奥が深いですね」

「つまり『結果オーライ』ではなく、**プロセスで結果を保証する**考え方なのです」

「結果にコミットするわけですね」

そこで、バラエティーでも活躍する古賀が口を挟む。

「自工程完結ってすごいのねぇ。学生にもぜひ教えたいわ」

ジュンナはさらに自工程完結が単なるテクニックではないことを説明。その本質部分に触れて最後を締めくくる。

「大切なのは、常に後工程であるお客様を思いやること・寄り添うこと・親身になることです。お客様に喜んでいただくことで達成感を感じ、更なるやる気や改善意欲が沸き、より良いモノやサービスをお客様にお届けする好循環が生まれるのです」

ここぞとばかり古賀も参戦。

「理にかなっていますね。『**自己有用感**』と言って人の役に立ちたい、自分は誰かに必要とされている、生きる価値があるんだと自らの存在意義や価値を感じることは、とても大切なことなんです」

バラエティーとは一線を画するマジメな言葉遣いに続き、

「子どもたちにも持って欲しいわねぇ。自工程完結と自己有用感、どこか似てるしぃ」

いつもの古賀節が炸裂する。

「我々も自工程完結を勉強して、お客様である視聴者、スポンサー様のためによりよい番組を提供しなければなりませんね」

キャスターが抱負を述べると、ジュンナがツッコミを入れる。

「後で訂正するなど、放送事故を起こさないようにですね！」

「これは一本とられました」

彼らから笑みが一瞬こぼれる中、いよいよライブのＶＴＲを振る。

「それでは、ライブのクライマックスの模様をノーカット版でご覧ください」

◇◇◇

「このライブもついに、最後の曲になりました。

ここで少し時間をいただいて、私の想いを聴いてください。

まず、教育に携わる関係者の方へ伝えたいことがあります。

守るべきは何ですか？　守るべきは命であり、被害者です。自分の保身ではありません。

いじめられている側に立つことこそが、いじめ解決の出発点だと思います。*1

親身になってください。いじめられている子どもを最後まで守り抜いてください。

「つらかったね」「気づいてあげられなくてごめんね」「よく話してくれたね。ありがとう」と寄り添う言葉を掛けてあげてください。*2

被害にあわれているご家族に伝えたいことがあります。

お子さんの想いを聴いてあげてください。受け止めてあげてください。

もしかしたら、いじめられていることを言わないかもしれません。それは、お父さんお母さんが好きな子ほど。親に心配をかけたくないと思うからです。*3

学校へ行くことが全てではありません。居場所を確保して、見守ってあげてください。

いじめている人たちへ伝えたいことがあります。

いじめは人権侵害であり、犯罪です。いじめの被害者は心に一生深い傷を負います。

いじめをしている人は、今すぐいじめている相手に「ごめんなさい」と謝ってください。恥ずかしいかもしれません。かっこ悪いかもしれません。

しかしあなたが、これからの学校生活や社会生活を幸せに過ごしていくためには、謝らなくてはいけないんです。

ここで、ある実話を紹介します。


中学生のある少女は、クラスメートからの「あの子暗いんだよね。何かウザい」といった言葉が心に刺さり、学校に通うことができなくなってしまいました。（中略）

少女は、お母さんのためにも何としても学校に行きたい。そう考えていました。

毎朝制服を着て、鞄《かばん》に勉強の用意までします。

でも、おなかが痛くなり、家から出ることはできませんでした。

夏休みの明けた9月から、中学に通い始めました。（中略）朝7時半には教室に行きます。

教室を掃除し、みんなの机を丁寧に雑巾で拭きます。（中略）そんな一日一日を積み重ねました。

そして、事件が起きました。

いつものように少女が一人で教室の机を拭いていると、数人のクラスメートが教室に入ってきたそうです。

緊張のあまりうずくまってしまうと、一人の女の子が
「いつもありがとう。机を拭いてくれているのを知っていたよ。今日はね、みんなで手伝おうって、早く来たんだ。今まで、私たち何もしてあげられなかった。いじめてごめん。ずっと反省していた。ごめんね」

そういって、少女を起こしてくれたそうです。

少女は「うん」と答えるのが精一杯でした。

その後は、みんなで泣きました。

教室の入り口の陰から様子を見ていた校長先生も担任も、保健室の先生も泣きました。[*4]

以上です。


いじめを見ている人たちに、伝えたいことがあります。

いじめを見つけたら、周りと協力して、先生などに打ち明けてください。

相手の立場に立って、「こんなことをされたら、言われたらどう感じるか」と相手を思

いやる心を持って欲しいと思います。
いじめられている子を、気にかけてください。
例えば朝、「おはよう！」と声をかける。
その一言だけでも、その子の心は明るくなります。[*5]

最後に、いじめられている人へ伝えたいことがあります。
あなたを大切に思っている人がいます。助けたいと思っている人がいます。[*6]
まずは、安全な場所へ避難してください。居場所を見つけてください。
自宅や図書館、どこでもいいです。命を絶つようなことはしないでください。
あなたにはこれから素晴らしい人生、世界が待ち受けています。
あなたが扉を開けるのを待っているのです。
一度限りの人生です。命を大切にしてください。

フラッシュが一斉《いっせい》にたかれ、涙に乗った大きな拍手がうねりをあげて会場を包む。
「偉そうなことを言って、すみません。気分を害された方がいたら、ごめんなさい。
本当に最後になります。私はこれで路上ライブを卒業します。

未来への扉は必ずあなたを待っています。お聴きください。

♪旅立ちの日に・・・（作詞：川嶋あい、作曲：川嶋あい　２００７年）

桜舞う４月の教室で 波打つ胸をはずませながら
出会った永遠の仲間達 あどけない手交わしたね
あの日かけまわった校庭 笑顔によく映えた光る汗
時に素直になるの嫌って ぶつかり合ってケンカもしたね
放課後行った常連の店 いつもの駄菓子屋 忘れてないよ
指切りをして 交わした約束 みんなきらめく陽だまりの粒
いつのまにか 時は流れ もう今日は卒業の日
人はいつか旅立つ者 だけど
いつの日にか またどこかで 会える気がするからね
輝く日々を忘れないで

もう開けない教室のドア 向かい合えない机もいすも

週末にはよく遊んだね 時に夢中な恋も知って
絶えぬおしゃべり 怒られた朝 泣いたあの日も 覚えているよ
あなたがくれた冷めぬこの熱は 私の胸で生きづいている
今始まる 希望の道 今日までありがとうね
思い出の校舎と別れを告げ
今新たな 扉開き はるかな年月隔て
つぼみから花 咲かせよう

耳元で聞こえる別れの歌を あふれ出す涙こらえて
旅立ちを決めた仲間たちには はかない調べが降り積もる

いつのまにか 時は流れ もう今日は卒業の日
人はいつか旅立つ者 だけど
いつの日にか またどこかで 会える気がするからね
輝く日々を忘れないで
今始まる 希望の道 今日までありがとうね

思い出の校舎と別れを告げ
今新たな 扉開き はるかな年月経て
つぼみから花 咲かせよう
つぼみから花 咲かせよう

NexTone PB41204号

ジュンナの頭の中では、自工程完結の本をきっかけとして、圭と運命的な出会いをしてからの出来事が走馬灯のように駆け巡りだす。

この歌は、ジュンナ自身へのエールであった。

全国各地のオーロラビジョンに、ライブの模様が中継されている。行きかう人々に混じり、歌に足を止める学生たち。涙を抑え切れない者もいる。

「こんなことを考えてたらだめだ」と、命を絶つのをとどまる者。

「よし！　自分なりにやってみよう」と、自分ならではの扉を開けようと決心する者。

多くの子どもたちが、ジュンナの路上ライブに心が救われた。

◇◇◇

「報道ターミナル」の収録現場にカメラが切り替わる。キャスターやコメンテーターも目を赤く染めている。鼻をすすったあと、ニュースを締めくくる。

「とても感動を覚えました。親身になる、寄り添う、やさしい心を持つことが大切だと思いました」

叶うことがなかった、ガールズユニットの夢、7年前に交わした約束が運命に翻弄《ほんろう》されながらも、ついに完結した瞬間であった。

10 杜若

幸せは必ず来る

記者会見に現れた教育長、学校長、そして、教頭。無数のフラッシュがたかれる中、彼らは深々と頭を下げる。

「このたびは亡くなられた生徒さん、ご遺族、関係者の方々、社会に多大なご迷惑をおかけしたことを心からお詫びします。亡くなられた生徒はいじめを受けていました。いじめが原因でした」

矢継ぎ早に記者から厳しい追及にさらされる。

「いじめがあったことを担任の先生をはじめ、学校は把握していなかったのですか？」

「なぜアンケートにいじめについて書かれていたのに、行動を起こさなかったのですか？」

「弁解の言葉もございません。被害者の生徒に寄り添うことができませんでした。私どもの不徳の致すところです」

教育長らは、非を全面的に認めて謝罪した。

週刊文実は、名前の由来に違《たが》わず、教育委員会、学校関係者の「いじめ問題」に対する日ごろの努力を積極的に報道し、いじめ撲滅の気運が高まった。

この事件のあと『いじめ防止対策推進法』が施行され、いじめ解決に向けて世の中が大きく動き出した。

◇◇◇

時は流れて、その5年後。庭先の盛り土に木札が立てられている。

ジュンナはしゃがみ込み、手を合わせた。

「ココ、元気にしている？　いつもそばにいて励まし、見守ってくれたよね」

ココの一生は、ジュンナの歌声と共にあった。子犬の頃は家の中で踊り、大きくなってからは路上でジュンナを見守った。亡くなる直前もココは、ジュンナにハイタッチを求めてきた。感謝の気持ちとエールを贈り、そして旅立ったのだ。

圭は会社を退職して、芸能事務所に就職。

マネージャーとして、自工程完結でテキパキと仕事をこなす毎日。

圭がマネージメントしているのは、もちろんジュンナである。

「まだ、ＪＫＫソングでＮＨＫからオファーがないんだけど……」と、ぼやいている。

また、文実砲は、名マネージャーの原点として、ケイが刈谷中央高校時代、インターハイに出場した時のキャプテンであり、ＰＫを外した伝説の男であったエピソードを明かした。

そして、

ワァ――

拍手と歓声がこだまする日本武道館。文実のメンバーやリサ軍団の姿も見られる。

マイクに飾られた、ペンダントが揺れている。ジュンナの歌はいじめなどに苦しむ人や、本気で何かに頑張っている人々の心の支えになり、絶大な支持を受けている。

「それでは、聴いてください……」

カヨとココとで撮った写真は、永遠に褪《あ》せることなくジュンナの心の中で輝いている。

最後に

自工程完結の考え方は、一人ひとりが自らの立場を理解し、組織（社会）における役割を正しく行えるために考え出されたものです。結果的には、他者の立場を思いやる力や自らの生き甲斐と言った今日の組織（社会）に必要な要素の醸成に役立つ効用も認められてきました。単なるビジネススキルから組織力全般の強化のための運動論として捉えることもできます。

いじめのない社会に向け、自工程完結の考え方が何かお役に立つことを願い物語が書かれたことをお伝えします。

【参考文献】

『トヨタの自工程完結』佐々木眞一、ダイヤモンド社、2015/11/13

『トヨタ公式ダンドリの教科書』佐々木眞一、ダイヤモンド社、2016/11/26

『いじめは7時間で解決できる！ 渦中にいるあなたに今できること』片木悠、光文社、2012/10/18、210、213ページ ＊01・03・05

『わが子をいじめから守る10カ条』武田さち子、WAVE出版、2007/6/22、210ページ ＊02

『夜回り先生 いじめを断つ』水谷修、日本評論社、2012/10/5、211～212ページ ＊04

『いじめでだれかが死ぬ前に 弁護士のいじめ予防授業』平尾潔、岩崎書店、2009/3/20、213ページ ＊06

『いじめ問題をどう克服するか』尾木直樹、岩波書店、2013/11/21

『優しい心が一番大切だよ――ひとり娘をいじめで亡くして』小森 美登里、WAVE出版、2002/1/1

『『いじめ』は2学期からひどくなる！』佳川奈未、ポプラ社、2012/8/8

『仮説思考 BCG流 問題発見・解決の発想法』内田和成、東洋経済新報社、2006/3/31

『地頭力を鍛える』細谷功、東洋経済新報社、2007/12/7

『アイデア・バイブル』マイケル・マハルコ、ダイヤモンド社、2012/2/17

【川嶋あいさんの『旅たちの日に…』について】

以下のＱＲコードから、スマートフォン等で川嶋あいさんの歌を視聴できます
（予告なく視聴できなくなる場合もありますので、ご了承ください）。

旅立ちの日に…　https://m.youtube.com/watch?v=DIO308dolyU

奮闘記

**本編では割愛した、自工程完結を学ぶシーンを集めた、
主人公ジュンナの奮闘記です。
自工程完結やストーリーの理解をより深めることができます。**

目次

[1] 自工程完結のABC

自工程完結は、どこで区切るの？

仕事に限らず、様々な場面で、合理的に物事を進めるのに役立つ「自工程完結」の考え方だけど、少し言葉が難しいよね。**自らが当事者意識（責任）を持って、一つひとつの工程を完結させる**という意味で、言葉の区切りも、「**自工程**／**完結**」ではなく、「**自**／**工程完結**」なんだ（図表8）。

自らが、工程を完結させる……。

八百屋の親父は、なぜ元気？

昔ながらの八百屋の親父って元気がいいだろう？

図表8　言葉の区切る位置

誤	正	意味
自工程｜完結	**自｜工程完結**	自（みずからが） 工程完結
清少｜納言	清｜少納言	清（姓） 少納言（役職名）
言語｜道断	言語道｜断	言、語、道（言う） 断（たつ）
キリ｜マンジャロ	キリマ｜ンジャロ	キリマ（山） ンジャロ（白い）
アカ｜ペラ	ア｜カペラ	ア（場所を示す前置詞） カペッラ（礼拝堂）

毎日ほとんど同じことの繰り返しと言ってもいいのに。

そういえば……。私ならすぐに飽きてしまいそうだけど。なぜだろう……
お金が大好きとか？

商売だから、そういうこともあると思うけど、彼らが元気なのは、自分の仕事の成果がお客様の反応として直ちに返ってくるからなんだ。芯のあるニンジンやダイコンを売ったりしたら、次の日はお客様に叱られてしまう。反対に自分で選んだ野菜でお客様が喜んでくれたら、自分も嬉しいと感じる。

つまり、**自分のやったことが良かったかどうか、すぐにわかる。**

⬇ **わかれば、自分の仕事に自信が持てる**

⬇ **自信がつけば作業が楽しくなる** からなんだ。

なるほどぉー。

悪いモノが流れないってことは、「**良し悪しがその場でわかる**」こと。そこには生命誕生38億年の進化の過程で獲得したメカニズムが隠されているんだ（図表9）。

自工程完結は、究極奥義!?

免疫って聞いたことがあるだろ？

インフルエンザのウイルスなんかと戦ってくれるヤツ!?

そう。免疫システムの本質は、「**自己と非自己を認識し、非自己を排除**」することにある。つまり、正しいもの以外（外敵）を撃退する。言い換えれば、**その場で“良し悪し”を判断**しているんだ。

まさに、自工程完結の考え方だぁ！

次からは、自工程完結の具体的なやり方について学んでいこう。

図表9　免疫システムと自工程完結の関係

免疫システム のメカニズム

『自己と非自己を認識し、非自己を排除』

↓

その場で“良し悪し”を判断

↓

自工程完結

［2］自工程完結って、具体的にどうやるの？

①目的・目標を明確にする

目的とは、「**何のためにやるのか**」という狙い、**行動理由**を指す。一方、**目標**は、「**いつまでに**」「**どのレベルまで**」を目指すのかという**目的の到達レベル**を指すんだ。目的は**目指す方向**であり、目標は**目指す地点**と言える（図表10）。

フムフム

例えば、太りすぎで悩む人が、
目的：健康な体を作る
目標：「1年以内に、体重10kg減量」

図表10　目的と目標の関係

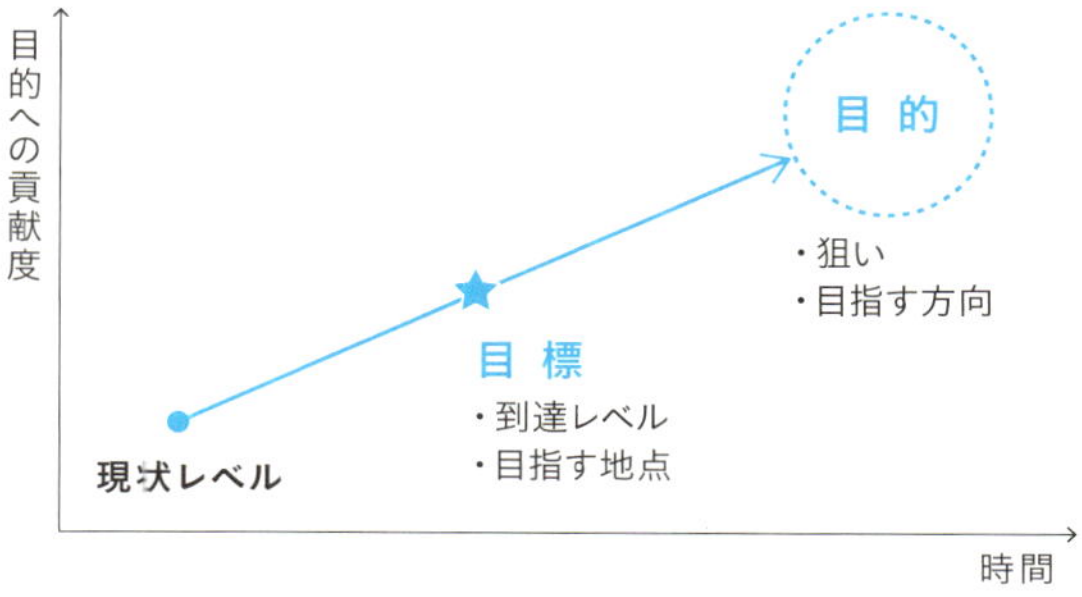

……みたいにね。

あー、私も痩せなきゃ（泣）。

では、目的について、もっと深く見ていこう。
ここで、問題！「**なぜスターバックスは長居するお客様を追い出さないのだろう？**」

追い出したいけど、なかなか言えない。
じゃなくてぇ……。

質問を変えよう。ここの店員さんだけど、**彼女たちの仕事の目的は何だろう？**

コーヒーをお客様に出すこと……。

目的を考える際、気をつけるべきことは、〝**やることが目的になってはいけない**〟んだ。

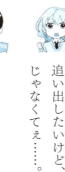

やることが目的…？

「コーヒーをお客様に出す」というのは、店員の作業を言っているに過ぎない。つまり、やること。これだと、「出せばそれでいい」ってことになりがちだ。目的を設定するとっておきの方法は、「**お客様は誰で、お客様にどうなって欲しいか**」を考えること。その際の魔法の呪文が「**その目的は？　何のため？　言い換えると？**」と**目的を問う**こと。

目的を問う…？

「**目的を展開する**」とも言うんだけど、実際にやってみよう。（図表11）

実際、スターバックスでは、人々の「お腹」では

図表11　コーヒーショップの目的展開（例）

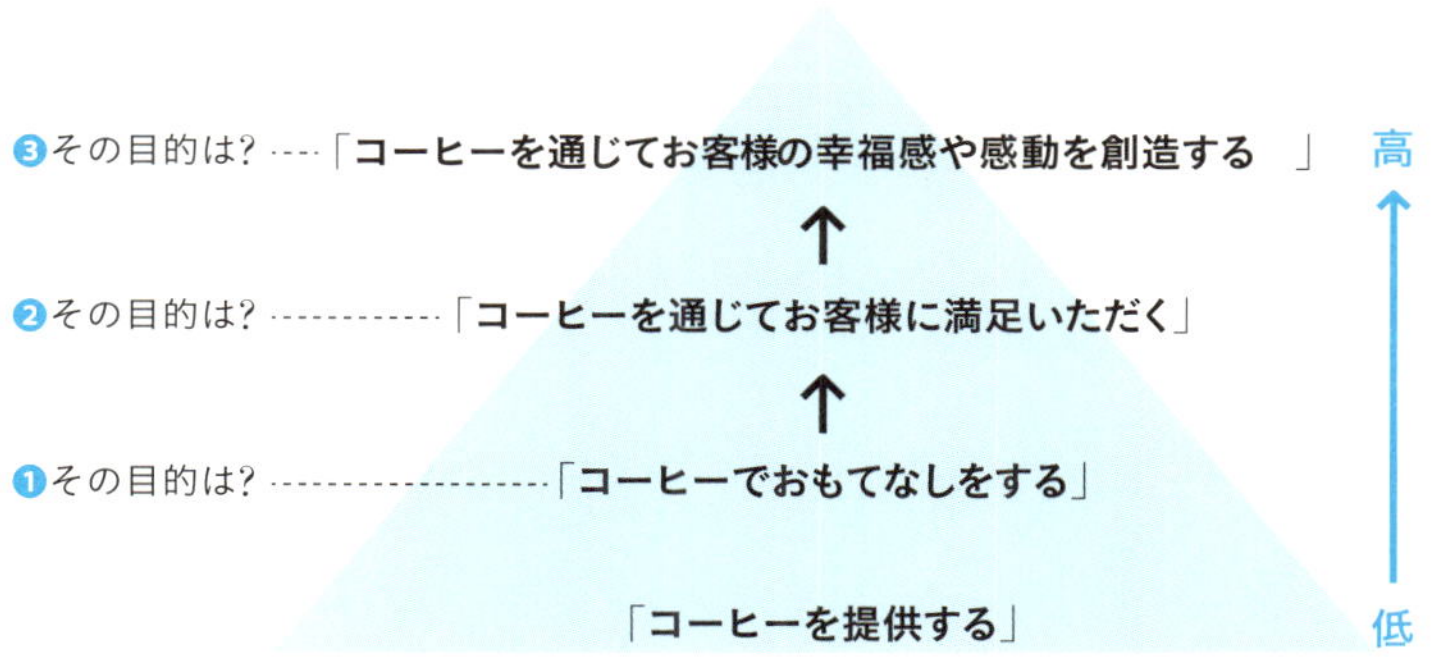

❸その目的は？……「コーヒーを通じてお客様の幸福感や感動を創造する」
❷その目的は？……「コーヒーを通じてお客様に満足いただく」
❶その目的は？……「コーヒーでおもてなしをする」
「コーヒーを提供する」
高
低

なく「心」を満たすと言っている。

そっか、心を満たすのであれば、お客様にゆっくりとくつろいでもらいたいんだ！

このように、目的を設定するためには、「**その目的は？　何のため？　言い換えると？**」と、お客様の期待値を入れたレベルまで目的を展開すること。

ガツン！　頭を殴られたくらいの衝撃かも。

そう思ってもらえれば、嬉しいね。目的が単にコーヒーを提供することだと、なかなか提供する店員のモチベーションも上がりにくい。お客様の期待を入れた目的に変わると、やるべきことが変わる！　お客様が喜ぶ！　モチベーションが上がる！　仕事が楽しくなる。

すごい！

❷最終的なアウトプットを明確にする

最終的なアウトプットとは、目標を達成するための手段のこと。重要なことは、**取り組む前に**最終的なアウトプットを考えておく。

取り組む前に？

そう。やみくもに〝へたな鉄砲数打ちゃ当たる〟でスタートしてもやり直しにつながる。ここで問題！あみだくじで、あたった人はどうやって見つける？

〝あたり〟からたどる……

そう！〝あたり（ゴール）〟からたどることで、一発でわかるよね（図表12）。スタートからでは、あたりにた

図表12　あみだくじの結果を調べる

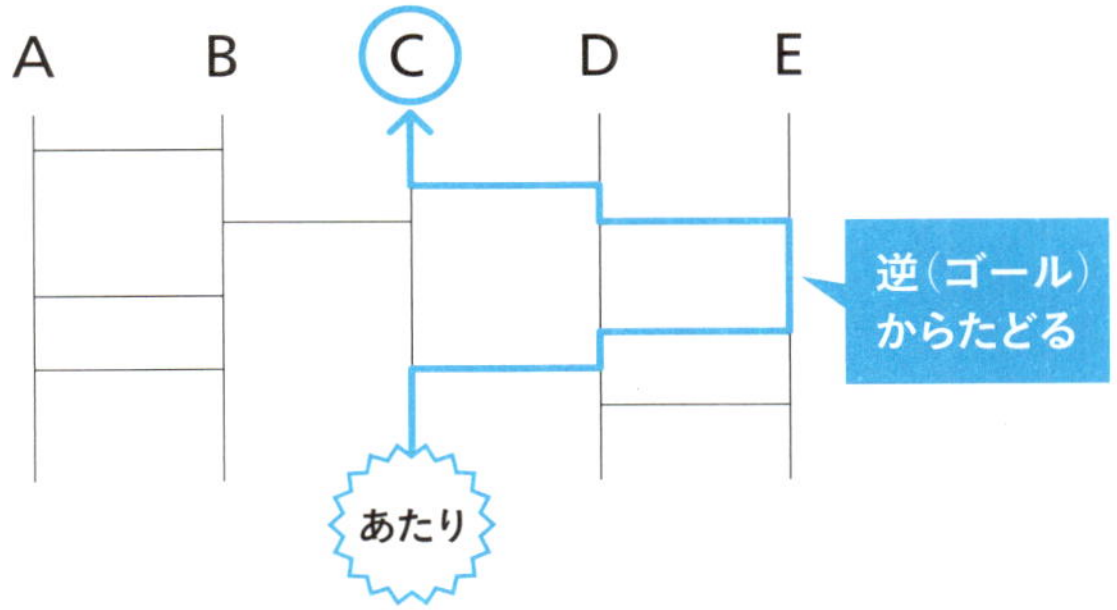

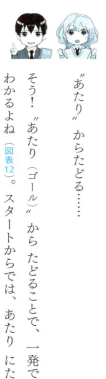

どりつくまで何度も たどる（やり直す）ことになる。

なるほどぉ！

苦労して調査や検討しても、結局、使われずムダに終わることってよくある。やり直しやムダをさけるためにも、最終的なアウトプットを明確にして、アウトプットから逆算して進めるんだ。

では、コーヒーショップを例に具体的にアウトプット考えて見よう。例えば、

目的を「コーヒーを通じてお客様の幸福感や感動を創造する」

目標を「お客様満足度90％以上（顧客満足度ナンバー1）」

とした場合のアウトプットって何だろう？

アウトプットは、コーヒー……じゃないの？

ご名答！　ただし、アウトプットを考える際には、**考え方**を大切にして欲しい。

考え方とは、アウトプットの良し悪し、つまり、

・**従来との違い**や、特徴を示す**基本方針**
・なぜ、そのアウトプットを選択したのかという**選択理由**

などのこと。「報告するから報告書」みたいに、単に「アウトプットをこうします」だけだと、**「何で？」「他にないの？」**と問いたくなる……でしょ？ 即物的（モノを優先する考え。見えないものには価値がない的な意味）で、思考停止の状態にあるとも言える。「考え方」という見えないものにこそ価値があるってこと。

（余計、わからんわ）

実例を挙げると、メルシャンワインというお酒の話。発売当時、「夫婦の会話を楽しむワイン」というコンセプトで売り出し、世の奥様方のハートをつかみ、売上げを伸ばした。それに便乗して他社もワインを売り出したが、同じようには売れなかったそうだ。なぜか？ そこには、売れるべくして売れる確固たる「考え方」があったからに他ならない。

あー、なんて、ステキ♡

コーヒーショップのアウトプットの話に戻すと、例えば、考え方を、
「**お客様の期待／競合他社を越える コーヒー（モノ）＋サービス（コト）の提供**」
そして、アウトプットは、この考え方を踏まえ、

・**心を込めた、コーヒー ＆ おもてなし**
・**癒し、交流、創造の場**

なんかになるよね。単に「コーヒーを出す（出せばよいと考える）」お店と、「心を込めたおもてなしと共に、コーヒーを出し、癒され、友との交流や創造が高まる」店とでは、雲泥の差だよね。そして、取り組む前に、アウトプットをできる限り具体的にイメージすることにより、商品やサービスの質を高め、やり直しがなく、ゴールまで効率的にたどり着けるんだ。

〝あみだ〟みたいにね（笑）

アウトプットを明らかにした時点、つまり取り組む前に勝負はついている。

すごーい！

自工程完結のABC　まとめ

自工程完結とは、

・「**一つひとつの工程で悪いモノは作らない、流さない**」こと

・「**結果を検査で保証するのではなく、プロセスで保証する**」こと

・「**その場で良し悪しが判る**」こと

	キーワード	概要
❶	**目的**	・「**何のためにするか**」という理由。目指す方向 ・「**お客様は誰で、お客様にどうなって欲しいか**」を明らかにする
❷	**目標**	・目的の**到達レベル**。目指す地点 ・「**いつまでに**」「**どのレベルまで**」を目指すかを定量的に表す
❸	**最終的なアウトプット**	・**目標を達成する**ための手段
❹	**手順**	・最終的なアウトプットを出すための「**実施すべきこと**」と「**その順番**」 ・大まかな手順を描き、細かい手順へ（行動できるレベルまで）分解する
❺	**判断基準**	・要所、要所で「**これで良し！**」と**判断できる基準**
❻	**必要なもの**	・各手順で正しい結果を導き出すための、「**情報、道具、能力、注意点・理由**」など

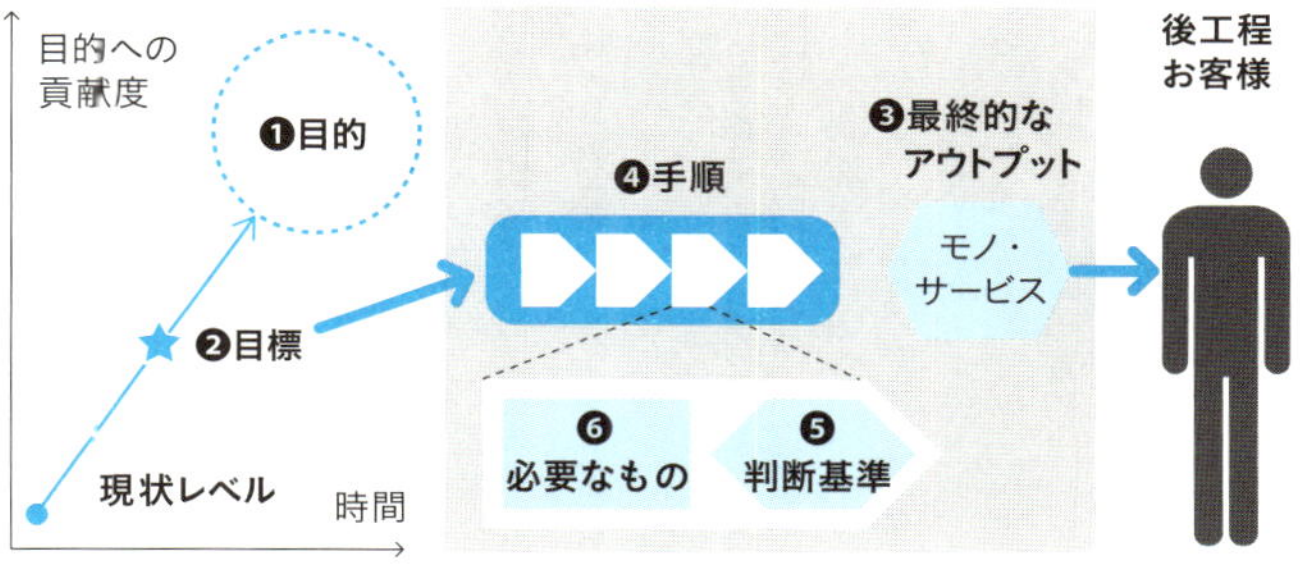

ケイスペシャル第2弾！〝ツッコミ10系〟

おまけで、ケイスペシャル第2弾ね！

えっ、また、へんな歌？

第2弾は、**感度を上げ、気づきを得る**ための10か条（図表13）。自工程完結を実践する時に、役に立つポイントだ。じゃぁ、ケイスペシャル第2弾！

〝**ツッコミ10系**〟カモン！

自分にツッコめそう！

〝ツッコミ10系〟を使えば、感度よく質の高い思考を手にできる。魔法のコトバだね！

図表13　ツッコミ10系

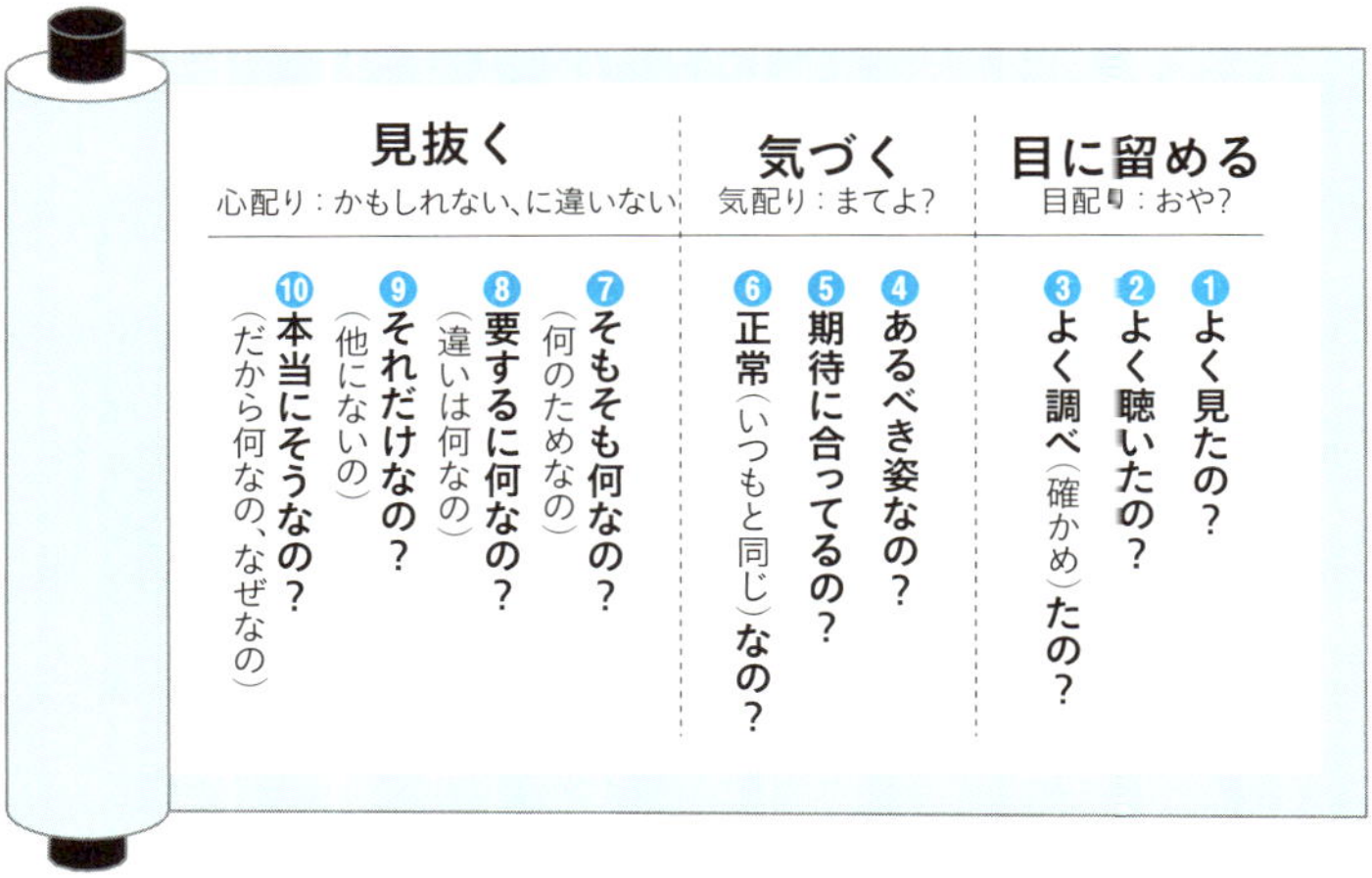

目に留める	気づく	見抜く
目配り：おや？	気配り：まてよ？	心配り：かもしれない、に違いない
❶ よく見たの？	❹ あるべき姿なの？	❼ そもそも何なの？（何のためなの）
❷ よく聴いたの？	❺ 期待に合ってるの？	❽ 要するに何なの？（違いは何なの）
❸ よく調べ（確かめ）たの？	❻ 正常（いつもと同じ）なの？	❾ それだけなの？（他にないの）
		❿ 本当にそうなの？（だから何なの、なぜなの）

［3］文化祭の企画

思考術

文化祭を企画する（企画の質を上げる）際に、役立つ2つの思考術を伝授しておこう！ **「全体思考」** と **「反対思考」** だ（図表14）。

1つ目は、**「全体思考」**。思いつきではなく、モレなく考える思考術。**ツッコミ 第9系「それだけなの？」** とツッコまれないためのね。

モレなく考える……？？？

「モレなく考えるということは、〝全体を捉える〟つまり、〝**外枠を押さえる**〟ことなんだ。外枠とは、

図表14 「全体思考」と「反対思考」

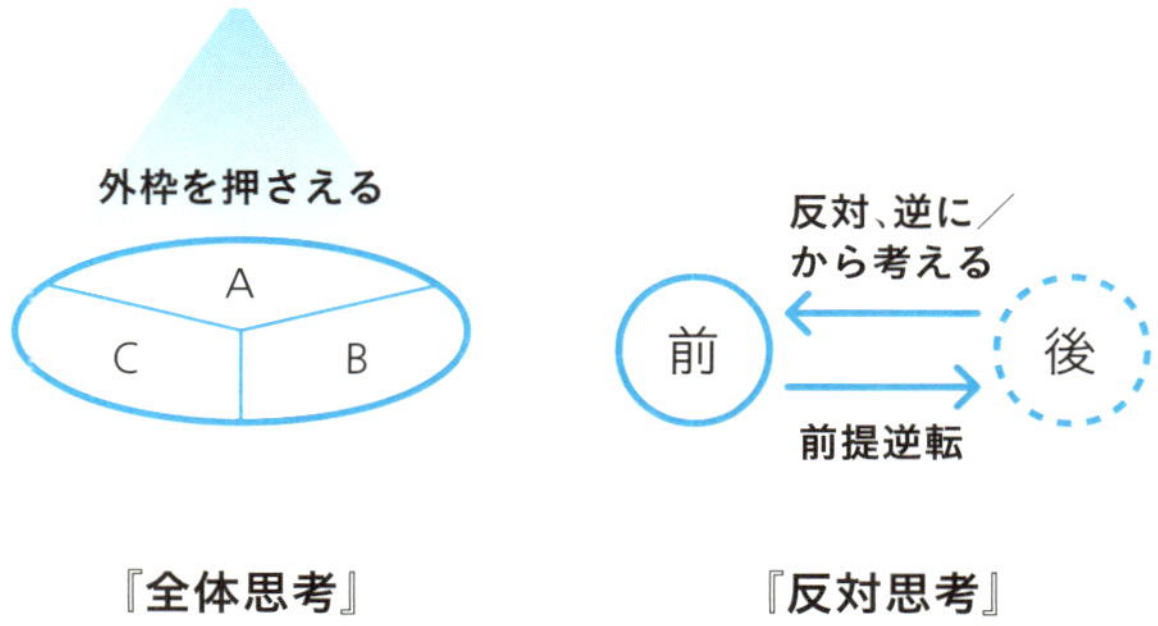

例えば、「**前・中・後**」、「**内・外**」、「**男・女**」といった、それらの断面で見た場合、ヌケ、モレがない枠組み（**フレームワーク**）のこと。

これらのフレームワークは、物事を分類、層別すると、必ずどれかに属する。例えば、文化祭の運営を例に取り、「前・中・後」のフレームワーク（図表15）を使うと、文化祭の作業は必ずどれかに属する。

つまり、**最初に全体（外枠）を押さえ、枠内へアイデアを入れ込む**ことで、モレを防ぐんだ。

「スゴっ！」目からウロコが落ちる。

少し補足すると、フレームワークは、「前・中・後」のように**論理的に抜けがない**もの以外に、世間一般的に見て、これだけ押さえておけば、モレはないとみなしてよいと言われものがある。

例えば、3C。

図表15　「前・中・後」のフレームワーク

前〔準備〕	中〔本番〕	後〔振り返り〕
・文化祭の企画 ・出し物の製作　など	・出し物の披露 ・見学　など	・文化祭の評価 ・記録保存　など

さんしー？

3Cとは、調査／分析などに用いられる、3つの単語の頭文字のCのこと。

・顧客：Customer（カスタマー）
・自社：Company（カンパニー）
・競合：Competitor（コンペティター）

つまり、お客様を知り、自分を知り、敵を知るということ。

？？？

例えば、彼氏を射止めたい場合、どうするか？

・彼氏（カスタマー）：趣味、好み、交友関係など
・自分（カンパニー）：アピールポイント、彼との接点など
・恋敵（コンペティター）：特徴、動向など

を知ることで、彼氏をゲットできる……はず。

なるほどぉ。そーゆーことね！

よーし、『全体思考』で、**ツッコミ　第9系『それだけなの？』**とツッコまれないようにしよう！

イエーイ！

次に2つ目の大切な考え方は、「**反対思考**」だ。文字通り、反対に、逆に考えること。あらかじめ、アウトプットを考えておくことも「反対思考」の一つ。

ツッコミ　第8系「要するに何なの？」とツッコまれないためのね。

フムフム

それでだ。「**実験する前に論文を書け**」※という言葉があるんだが……

※『仮説思考　BCG流　問題発見・解決の発想法』内田和成、東洋経済新報社、2006年3月31日

文字通りの解説に「マジ、わからん」
つまり、「**行き当たりばったり、出たとこ勝負**」ではなく、実験をする前に、結果を想定しておく。言い換えると、**仮説（仮の答え）を立てる。**そして、その仮説を導き出す、適切な実験方法を考えてから、実験に取り掛かることで、ムダな実験や、実験のやり直しを防ぐということなんだ。

まさに逆転の発想！　例えば
試験日から逆算して計画的に勉強したり、先生が強調した箇所は、試験に出るなとヤマをはってテストに臨むみたいね。
また、絵を描く時に、最初にできあがりをイメージして描き始めるってことね。思いつきで描き始めて、絵のバランスが悪い子いるんだよねぇ。

つまり、実験する前にすでに論文の良し悪し、勝負がついているってこと。「結論から先に考える」ことで、**ツッコミ　第8系「要するに何なの？」**とツッコまれないようにしよう！

イエ―――イ！

こんなことで感激するのはまだ早い。「反対思考」の力は超絶だ。技術やサービスなどのイノベーション（革新）は、**「反対思考」により、従来の常識や固定概念を覆《くつがえ》してきた**歴史と言っても過言ではない。例えば、身近な例では、アイスクリーム。地域性はあるけど、以前は、「アイスクリームは冷たく、夏に食べるもの」という常識や慣習があった。そんな中、「冬に食べられるアイスクリーム」を開発して、大ヒットになった。それがロッテの「雪見だいふく」だ。

それ、マジ好き！

アイスクリームつながりでもう一つ。20世紀初頭、アイスクリームは皿に載せて食べていた。「アイスクリームは皿に載せて食べるもの」だったんだ。それを、ワッフルでコーン状に巻いてアイスを入れることを思いつく。つまり、「皿に載せなくても食べられるもの」と同時に「食べられる皿」が発明された瞬間だ。

あ〜、アイスクリーム食べたくなった〜

また、文化祭でもお目にかかる「お化け屋敷」。

「お化け屋敷って暗いところでやるもの」って思ってるでしょ？

暗いところでやるから、お化け屋敷じゃん。明るかったら、怖くないし……。

そういうのを**固定観念**って言うんだ。固定観念は、往々にして「**〜するもの**」「**〜わけがない**」「**〜はずがない**」「**〜ねばならない**」などという仮面をかぶっている。あたり前として疑問にすら思わない。「お化け屋敷は暗いもの」ってね。

そんなこと言っても〜

暗いから怖いんじゃなく、見えないから怖いんだ。明るくても、突然何かが現れれば、びっくりするでしょ？「びっくり箱」っていう、箱に入っているものを、手を入れて言い当てるゲーム。明るい中で行っても、十分怖いでしょ？

やだ（恐）！　ヘビだったり、人間が入ってたりするやつ！

風や静電気などの見えない物理現象を使っても怖いかも……。

グッ・ジョ～ブ！　明るいお化け屋敷、マジやれそうだね（笑）。それで、その固定観念を打ち破るやり方はこうだ。まず、**前提となる条件を洗い出し、その前提を強制的に逆転させる**。つまり、「**前提逆転**」。

前提逆転？

ちなみに、前提とは、「**物事を成立させる条件、根拠**」のこと。中でも特に、**常識や慣習といった**「**あたり前や周知の事実**」として、**疑問にすら思わないこと**に着目したい。それを逆転できれば、まさに革新だからね。アイスクリームで言えば、「夏に食べるもの」から「冬でも食べられる」みたいにね。

アイスクリームは、「冷たいもの」「溶けるもの」だからぁ、「熱い」アイスクリー

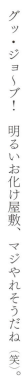

ムや、「溶けない」アイスクリームってのはどう？　「熱いアイスクリーム」は、もはやホットクリームね（笑）。

じゃあ、最後にもう一題。ある年の台風で育てていたリンゴの9割くらいが、収穫前に落ちてしまった。

かわいそう……。

リンゴ農家は悲しみにくれた。「残ったリンゴは売れない。金にはならない（儲かるはずはない）」と。しかし、ある農家が落ちなかったリンゴを〝落ちない〟リンゴ。つまり、「縁起物として受験生に売ることはできないだろうか」と考えた。この逆転の発想で、高価なリンゴがあっという間に完売したらしい。

あったまいい～。逆に、落ちてしまったリンゴに対しては、激しく恋に落ちるお守りとして、恋活する人に売ったら？　リンゴは、英語で「かけがえのない人」って言う意味もあるっていうから、いいかも。

やるね、ジュンナ。「落ちてしまったリンゴには商品価値がない（売れるはずがない）」という前提を逆転させたんだね。

（私もやる時はやるんですけど……）

このように、「反対思考」で、**ツッコミ 第10系「本当にそうなの？」**とツッコまれないようにしよう！

は～い

反対思考は、追悼路上ライブの「安全確保」を考えるシーンでも使われていた。確認しておこう。

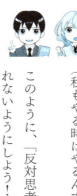

追悼路上ライブの「安全確保」を考えるシーン

安全を確保するために、「ライブを成功させるには？」と考えるだけでなく、逆に「**失敗させるには？**」と考えるんだ。

失敗させる!?
・楽器用の電源ケーブル切断する
・ゲリラ豪雨を降らせる
・不審物を置き、爆破予告
……ありえんし！

多くは、ありえないことかもしれないが、できる限り「想定」しておくこと、心の準備が大切。「成功させるには？」では、経験した範囲内しか発想が出にくいんだ。

はるほどー。反対思考！　前提逆転ね!!

ベンチマーキング

ベンチマーキングとは、**他者から学ぶ**こと。**ツッコミ　第1、2、3系「よく見たの？　よく聴いたの？　よく調べたの？**」とツッコまれないための方策だ。

フムフム

特に3Cの一つ、コンペティター（競合）である、他校の文化祭に対するベンチマーキングは、なかなかできていないんじゃないかな？　自分の学校と、他校の文化祭を比較し、自分の学校の文化祭をより良くする改善策を見出すんだ。

じゃぁ、イケメンのベンチマーキングも兼ね、刈谷中央高校へレッツ・ゴー！

ちょっと待ったぁー。やみくもではなく、**観点**を決め、ベンチマーキングをする学校を決定する必要がある。そうしないと、せっかく聴きに行っても、当てが外れたり、後になって、あれもこれも聴いておけばよかったなんてことになる。

ベンチマーキングをする前に報告書をイメージしておく！

いいぞぉ！

それじゃ、ベンチマーキングする対象校として、

・日本一の文化祭として、演劇で有名な **東京都立国立高校**

・「企画書バトル」という、展示の質を高める工夫をこらす **大阪府立千里高校**

の2校に取材を申し入れ、ベンチマーキングに行ってみよう！（図表16、17）。

ベンチマーキングは役に立っただろう？　謙虚に学べば、得るものは大きい。

うんうん

図表16　文化祭ベンチマーキング（東京都立国立高校）

東京都立国立高校 文化祭

日本一と言われる演劇の運営は、スタッフの役割が『キャスト』以外に、『演出』『内装』『宣伝』などと細かく分けられているんだよ。

『内装』の要領を見てみると、

❶**目的**（ミッション）：『劇のための空間をプロデュースする』

❷**能力**：丁寧な人、工作が好きな人

❸**手順、必要なもの**：

いつ（まで）に、何をするの？　どんな手順でやるの？

どんな道具が必要なの？　何に気をつけなければならないの？

などが明確になっているんだ。

まさに、自工程完結じゃん（驚）！

内装の例

❶目的

劇のための空間をプロデュースする。
内装の質は劇の質と密接に関わっています。
劇の舞台に、観客の客席。教室内の空間をデザインし、創造し、
劇をサポートするのが内装の仕事です。

❷向いている人

- 丁寧な人　・工作が好きな人

❸工程（舞台づくり）

時期	プロセス	必要なもの	やること・注意点
5月	内装デザイン案作成	脚本の大枠	・大道具、小道具含めて細部まで確定させる ・演出、脚本と話し合う
6月	・設計図提出 ・予算立案	・デザイン案 ・設計図、デザイン	・デザイン案をもとに設計図に起こす ・設計図とデザインをもとに買うものを決定

ココがポイント

- **誰がやっても、**一定以上の質を実現できるレベルに、作業を標準化
- 毎年、**PDCA**（計画→実行→評価→改善）をまわし、改善

図表17　文化祭ベンチマーキング（大阪府立千里高校）

大阪府立千里高校 文化祭

『**企画書バトル**』という、展示の質を高める仕組みがあって、

❶まず、『**1次企画書**』（基本仕様）を提案する。

❷それらを廊下に貼り出し、文化祭クラス委員が審査用紙に基づき審査する。

審査基準：**全員参加**　**お客様視点**　**企画の具体性**　**安全、コンプライアンス**（法令遵守）

❸合格すると、『**2次企画書**』を作成し、先生の指導のもと、作り込んだよ。

企画を練り込む仕組みがすごーい！
審査基準が、企画の質の判断基準になってるんだ。

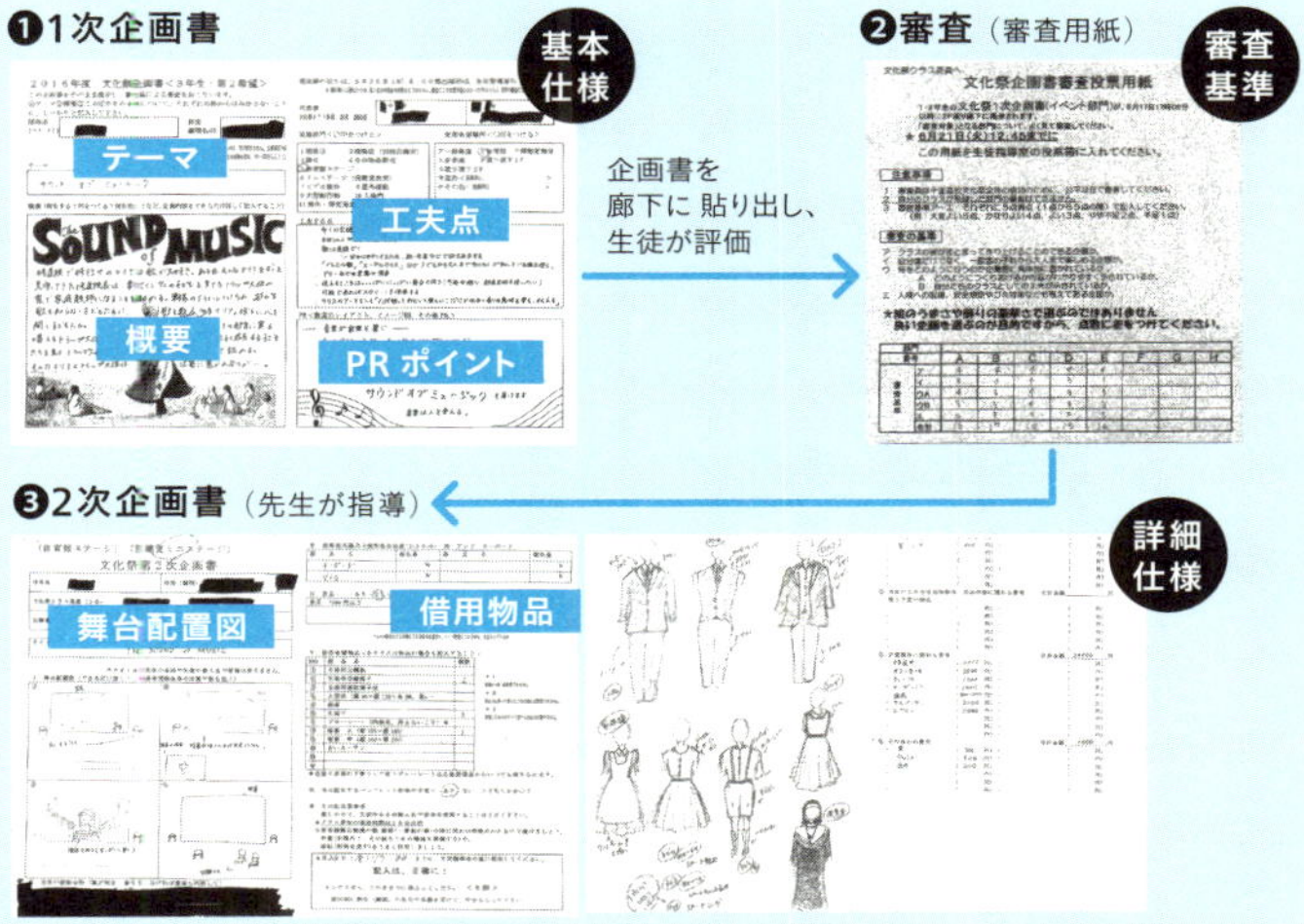

ココがポイント
・展示の質を上げる**仕組みをプロセスに組み込む**
・**展示の質を決めるポイント**（審査基準）を明確化

文化祭の目的を考える

文化祭の目的について、ブレーンストーミングで考えよう。よーし、一人ひとり、付箋紙に書いた目的を順番に読み上げて、この模造紙に貼っていこう。出たアイデアに便乗して、さらに新しいアイデアを出していいぞ！

・創造する楽しさを知る
・チームワークを発揮する
・自分の成長につなげる
・絆を深める……

これらの付箋紙を模造紙にペタペタと貼っていこう（図表18）。

わぁー、一緒だ!!　さっすがぁー。

図表18　アイデアを模造紙に貼っていく

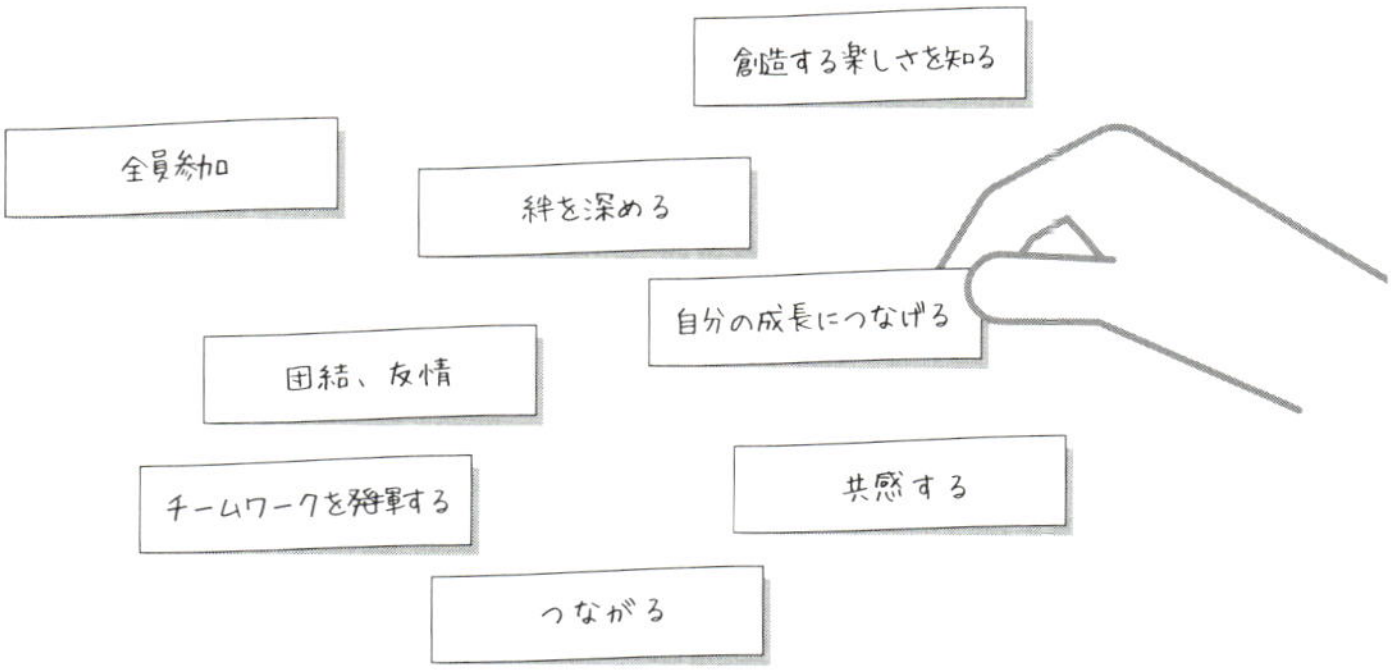

一通りアイデアを出し終えると、ケイが何やら付箋紙を並べ替える。

ペンで書き入れていくね。「前・中・後」「内・外」……（図表19）

フレームワークだ！

今日出たアイデアを整理してみたんだが……。
まず、**お客様は誰か**を明確にする必要がある。それを「**内・外**」で分けた。
そして、**お客様にどうなって欲しいか**を「**前・中・後**」で整理してみた。

あっ、「**内・外**」の「**外**」**の部分が空欄**じゃん。ってことは、**モレがある**ってこと！　保護者や地域の方々の視点が抜けてるんだ！

ようやく、**ツッコミ 第9系**「**それだけなの？**」に気づいてくれたようだね。モレのないように全体を捉える「全体思考」と、結論をあらかじめ想定する「反対思考」、使えるでしょ？

図表19　文化祭の目的の検討

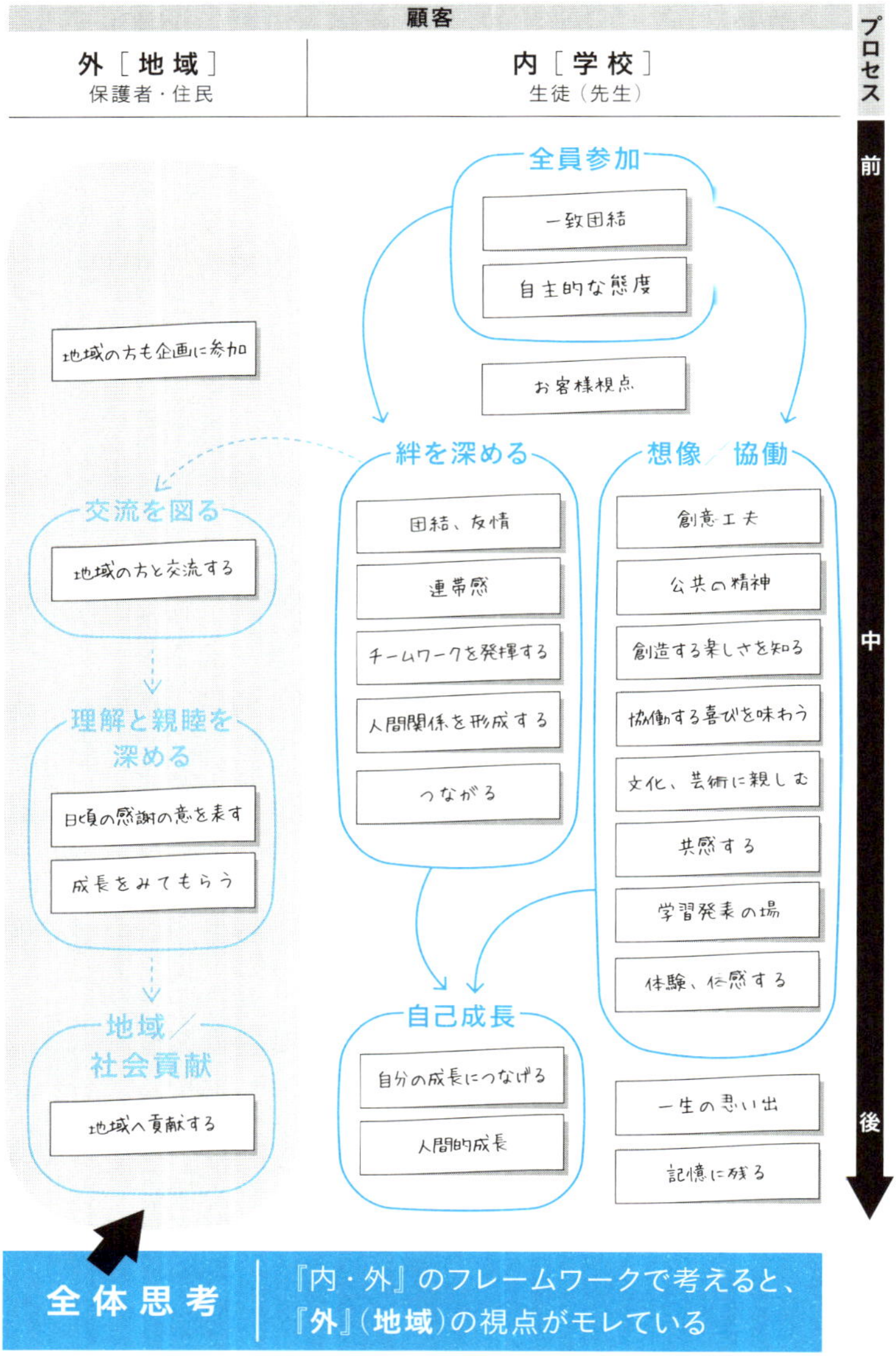

衝撃的！

これでケイ・スペシャル。〝コンプリート（完結）！〟

マジか！　ケイの手のひらで踊らされてるなあ～

まぁまぁ、外（地域など）についても、文化祭の目的のアイデアを文章にしていってみようか。

じゃぁ、目的は、この2つに決まり！

❶全員参加による創作活動や様々な出会いを通して、創造／協働する楽しさ・喜びを味わうことにより絆を深め、一人ひとりの成長に繋げる。
❷保護者、地域の方々と交流を図り、日頃の感謝の意を示すと共に、本校への理解と親睦を深める。

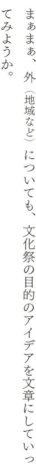

いい感じだ！

やったぁー。これで文化祭の企画・運営を進めていける。

〈奮闘記　完〉

［著者紹介］

佐々木眞一（ささき・しんいち）

トヨタ自動車株式会社 顧問・技監 一般社団法人 中部品質管理協会 会長

1970年3月 北海道大学工学部機械工学科 卒業
1970年4月 トヨタ自動車工業株式会社（現トヨタ自動車）入社
1990年4月 トヨタ モーター マニュファクチャリング ＵＫ 株式会社 品質管理部長
1995年1月 トヨタ自動車株式会社 堤工場 品質管理部部長
2001年6月 取締役就任
2003年6月 常務役員就任
2004年6月 トヨタモーターエンジニアリング・マニュファクチャリングヨーロッパ株
　　　　　式会社 取締役社長
2005年6月 専務取締役就任
2005年10月 トヨタモーターヨーロッパ株式会社 取締役社長
2009年6月 取締役副社長就任
2013年6月 相談役・技監就任
2015年11月 著書『現場からオフィスまで、全社で展開する トヨタの自工程完結』上梓
2016年7月 顧問・技監就任

一般社団法人 中部品質管理協会（ちゅうぶひんしつかんりきょうかい）

中部地区のすべての企業、組織の皆様に、"仕事の質向上"に役立つQC的ものの見方、考え方を身につけていただき、実践的な知識・手法・ノウハウを学んでいただく機会をご提供することを通じ、企業の持続的な成長の実現に貢献していくことを使命とした法人。

沿革
1951年　前身である「東海品質管理研究会」が中部産業連盟の中に誕生。
1953年　賛助会員26社が参画して「中部品質管理協会」が発足。
1954年　田口玄一博士（故人）をリーダーとする、実験計画法研究会がスタート。
1971年　会長に日本硝子㈱（現日本ガイシ㈱）会長　鈴木俊雄氏（故人）、副会長には
　　　　トヨタ自動車工業㈱専務取締役　豊田章一郎氏（現トヨタ自動車㈱名誉会長、
　　　　現在当協会名誉顧問）他3名が就任。また、名誉会長として、西堀榮三郎博
　　　　士（故人）が就任。
2001年　トヨタグループ向けマネジメント研修、品質知識研修、SQC研修委託が本格化。
2015年　法人格を取得。一般社団法人中部品質管理協会設立。「自工程完結」（仕事の
　　　　質向上）分野の事業企画・提供を開始。

誰でもストーリーでわかる！
トヨタの思考法
――知識ゼロから驚くほど合理的な「自工程完結」が身につく

2018年5月16日　第1刷発行

著　者――佐々木眞一＋中部品質管理協会
絵――――ひのた
原　作――滝藤勝稔
発行所――ダイヤモンド社
〒150-8409　東京都渋谷区神宮前6-12-17
http://www.diamond.co.jp/
電話／03·5778·7232（編集）　03·5778·7240（販売）

コーディネーター――大口　桂
装丁・本文デザイン――山田知子（chichols）
チャートデザイン――うちきばがんた
本文DTP――インタラクティブ
編集協力――青木健夫
製作進行――ダイヤモンド・グラフィック社
印刷――――勇進印刷（本文）・加藤文明社（カバー）
製本――――ブックアート
編集担当――木山政行

ISBN 978-4-478-10553-5